时代印记

王志艳◎编著

寻找

马克思

延边大学出版社

图书在版编目（CIP）数据

寻找马克思 / 王志艳编著 . —延吉：延边大学出版社，2013.8(2020.7 重印)

ISBN 978-7-5634-5921-6

Ⅰ . ①寻… Ⅱ . ①王… Ⅲ . ①马克思，K. (1818 ～ 1883)—传记—青年读物②马克思，K. (1818 ～ 1883)—传记—少年读物 Ⅳ . ① A711-49

中国版本图书馆 CIP 数据核字 (2013) 第 210664 号

寻找马克思

编著：王志艳
责任编辑：孙淑芹
封面设计：映像视觉
出版发行：延边大学出版社
社址：吉林省延吉市公园路 977 号　邮编：133002
电话：0433-2732435　传真：0433-2732434
网址：http://www.ydcbs.com
印刷：唐山新苑印务有限公司
开本：690×960　1/16
印张：11 印张
字数：100 千字
版次：2013 年 8 月第 1 版
印次：2020 年 7 月第 3 次印刷
书号：ISBN 978-7-5634-5921-6
定价：29.80 元

前言

　　历史发展的每一个时代，都会有对后世产生巨大影响的人物，都会有推动我们前进的力量。这些曾经创造历史、影响时代的英雄，或以其深邃的思想推动了世界文明的进步，或以其叱咤风云的政治生涯影响了历史的进程，或以其在自然科学领域中的巨大成就为人类造福……

　　总之，他们在每个时代都留下了深深的印记，烙上了特定的记号。因为他们，历史的车轮才会不断前进；因为他们，每个时代的内容才会更加精彩。他们，已经成为历史长河的风向标，成为一个时代的闪光点，引领着我们后人走向更加深邃的精神世界和更加精彩的物质世界。

　　今天，当我们站在一个新的纪元回眸过去的时候，我们不能不提起他们的名字，因为是他们改变了我们的世界，改变了人类历史的发展格局。了解他们的生平、经历、思想、智慧，以及他们的人格魅力，也必然会对我们的人生产生深刻的影响。

　　为了能了解并铭记这些为人类历史发展做出过巨大贡献的人物，经过长时间的遴选，我们精选出一些最具影响力、最能代表时代发展与进步的人物，编成这套《时代印记》系列丛书，其宗旨是：期望通过这套青少年乐于、易于接受的传记形式的丛书，对青少年读者的成长产生潜移默化的影响，使他们能够从中吸取到有益的精神元素，立志奋进，为祖国、为人类作出自己的贡献。

前言

　　本套丛书写作角度新颖，它不是简单地堆砌有关名人的材料，而是精选了他们一生当中最富有代表性的事迹与思想贡献，以点带面，折射出他们充满传奇的人生经历和各具特点的鲜明个性，从而帮助我们更加透彻地了解每一位人物的人生经历及当时的历史背景，丰富我们的生活阅历与知识。

　　通过阅读这套丛书，我们可以结识到许多伟大的人物。与这些伟人"交往"，也会进一步提高我们的思想品格与道德修养，并以这些伟人的典范品行来衡量自己的行为，激励自己不断去追求更加理想的目标。

　　此外，书中还穿插了许多与这些著名人物相关的小知识、小故事等。这些内容语言简练，趣味性强，既能活跃版面，又能开阔青少年的阅读视野，同时还可作为青少年读者学习中的课外积累和写作素材。

　　我们相信，阅读本套丛书后，青少年朋友们一定可以更加真切、透彻地了解这些伟大人物在每个时代所留下的深刻印记，并从中汲取丰富的人生经验，立志成才。

导　言

Introduction

卡尔·马克思（1818—1883），马克思主义创始人，鸿篇巨制《资本论》的作者，伟大导师和领袖，其伟大的一生对无产阶级革命事业作出了巨大的贡献。恩格斯曾将马克思的理论贡献归纳为"两个发现"，即发现了人类历史的发展规律，创立了历史唯物主义；发现了剩余价值规律，揭示出资本主义制度必然走向灭亡的历史命运。

1818年5月5日，马克思出生于德意志邦联普鲁士王国莱茵省特利尔城的一个律师家庭，父亲是一位出色的律师。12岁时，马克思进入特利尔中学就读；中学毕业后，进入波恩大学，后转到柏林大学法律系，从此开始接触哲学研究。

步入社会后，马克思努力成为一个思想深刻、学识渊博的人，并积极投身到革命活动之中，亲自参加了无产阶级推翻资本主义的革命运动，成为一名不屈不挠的伟大革命战士。他是第一个使无产阶级意识到本身的地位和要求、意识到本身解放的条件的人。这一切实际上也成为马克思毕生的使命。

在结识了一生忠实的好友恩格斯后，马克思与恩格斯共同创立了马克思主义。19世纪40年代，马克思主义形成之后，逐渐在世界各国工人阶级中广泛流传，并指导着各国无产阶级的革命运动。而100多年来的历史也证明，马克思主义是放之四海而皆准的真理。马克思主义被世界所有真正的无产阶级革命政党作为思想理论基础。

在创立这些伟大的思想理论的同时，马克思也经历了人生的坎坷与波折——疾病、贫困、放逐……但是，面对这些困境和挫折，马克思从未放弃自己的人生追求，而是以一种常人难以企及的毅力和精神勇敢面对，最终成就了自己伟大的事业——为人类福利而劳动。

马克思的学说可谓辉煌，马克思的人格可谓伟大。曾有人将马克思比为奥林匹斯山上的神，认为马克思与我们普通人之间存在着天壤之别，高不可攀。但实际上，马克思在讲到他自己时，常常喜欢说这样一句话："人所具有的，我都具有。"而他不同于我们的地方，或说他之所以能够成为世界上最伟大思想家的奥秘，是他不畏艰难困苦，终生都在实践着"为全人类造福"的誓言。

1883年3月14日，一代伟人卡尔·马克思离开了人世。但是，他的名字、他的精神、他的成就以及他的"马克思主义"伟大学说，却与世界共存，与日月同辉。

本书从马克思的儿时生活写起，一直追溯到他与恩格斯的真挚友谊，他对各国工人阶级斗争的支援，以及他所创造出的伟大理论及所取得的辉煌成就，再现了马克思为共产主义事业奋斗的一生，旨在让广大青少年朋友了解这位伟大的思想家、革命导师不平凡的人生经历，学习他那种胸怀世界的大爱精神、对困难百折不挠的勇气，以及为人类解放事业奋斗终生的崇高品德。

目　录

contents

时代印记　目录

第一章 有志向的少年

科学绝不是一种自私自利的享乐。有幸能够致力于科学研究的人，首先应该拿自己的学识为人类服务。

——马克思

（一）

在德国莱茵省的南部，有一座名叫特利尔的风景秀丽的古城；坐落在森林繁茂的圣玛尔加山麓、默塞尔河畔。

城里有古老的教堂和一座连一座的修道院，是一个历史悠久的大主教区。年代久远的古老住宅和新近建立的楼房鳞次栉比，显示着这座城市从过去走向未来的沧桑阅历。在街道和楼宇之间，是碧绿的草地和冠盖如云的树林，其间还有一些鲜艳的花朵点缀。

在特利尔城中，有一条名叫布吕肯的大街。这条大街的664号是一栋二层的楼房，周围是一个宽敞的花园组成的院落。

这是一个殷实的人家。这里的主人是特利尔城律师工会的主席亨利希·马克思，在特利尔城很受人尊敬，在当地也有很高的声望，还获得过司法参事的荣誉称号。女主人是性格温柔、善于持家的罕丽达·普列斯波克。这对夫妇都是正统的犹太人，但后来亨利希·马克思放弃了自己的犹太传统，经过受礼后成为路德教徒。夫妻二人相敬如宾，在这座小城里过着平静和睦的生活。

1818年5月5日凌晨2点钟，一个可爱的男婴在这个家庭中诞生了。亨利希先生高兴地给这个儿子取名为卡尔，全名为"卡尔·亨利希·马克思"。

小卡尔有着浓密的黑头发，宽宽的额头，一双明亮的大眼睛，身体健壮结实，与普通的婴儿并没有什么两样。然而几十年后，他却成长为一位历史巨人，成为共产主义学说的创立者、伟大的无产阶级革命导师。

亨利希·马克思夫妇共生了9个孩子：4个男孩和5个女孩。在卡尔出生之前，亨利希家已经生育了一个女儿索菲亚，卡尔是家中的第一个男孩。但像当时的大多数家庭一样，这些孩子多数都夭折了，最后只有姐姐索菲亚、妹妹艾米丽和路易莎与卡尔活了下来。

光阴荏苒，一转眼小卡尔已经学会了走路和说话。他天资聪颖，活泼好动，深得父母的喜爱，母亲称他是全家的"幸运儿"。小卡尔有许多不平凡的天赋及很强的想象力，但又是一个性格暴烈的孩子。

在妹妹们相继出生并长大些后，卡尔便经常追赶着自己的姐妹，把她们从一个地方赶到另一个地方。他还用自己脏乎乎的小手和很脏的面粉，做成"小包子"让姐妹们吃下去。奇怪的是，她们居然听从他的驱赶，并乖乖地吃掉他做的"小包子"。然后作为奖赏，他开始给她们讲故事听。这些故事都是他自己编造出来的稀奇古怪的故事，但却能经常引得姐妹们哈哈大笑。

童年时期，马克思受父亲的影响很大。父亲亨利希不仅法律才学出众，对古典文学和哲学也有着相当的造诣。他尤其喜爱拉辛、伏尔泰和卢梭等资产阶级启蒙思想家的著作，这一点对马克思产生了深远的影响。马克思的小女儿艾琳娜后来在回忆自己的祖父时说，他"是一个地地道道的18世纪的'法国人'。他能背诵伏尔泰与卢梭，就像老威仕特华伦（马克思的岳父）背诵荷马和莎士比亚一样"。

马克思惊人的渊博知识无疑在很大程度上归功于这种"遗传"的影响。为此，马克思对父亲怀着深厚的感情，经常会不厌其烦地谈起他，而且还总是把父亲的那张老式银版照片带在身边。

当然，马克思同时也受到了母亲的影响，尤其在童年时期。母亲善良朴实，一心扑在家庭上，尤其对"非常喜欢的、亲爱的卡尔"更是关怀备至。母亲的爱与关怀也是马克思健康成长必不可少的，而且母亲在家庭中的奉献和牺牲精神，也为童年的马克思树立了榜样。因此，当马克思进入大学校门后，父亲还用这点来继续对马克思进行教育，要他"仿效"母亲的"光辉榜样"。

当然，母亲的影响与父亲不同。马克思的母亲一生都为家务所缠绕，甚至终生都没有学会正确使用德语（她的家族讲荷兰语）。因此，尽管她十分爱自己的儿子，但并未能参与儿子的思想发展，在精神方面也未能成为马克思的知心人，一直不能理解才华横溢的儿子日后为何要放弃高官厚禄的前途而献身于"饥饿的哲学"。

（二）

在马克思4岁的时候，他们全家搬到了路德维希·冯·威仕特华伦男爵家附近。两家的关系很要好，男爵的女儿燕妮（后来成为马克思的妻子）与马克思的姐姐索菲亚是好朋友；男爵的儿子埃德加尔与马克思也是好朋友。

男爵冯·威仕特华伦是特利尔城的枢密顾问官，与亨利希·马克思都是受过法国大革命影响的、具有民主自由精神的人。冯·威仕特华伦虽然身为贵族，但没有一点贵族的傲慢和优越感。他非常喜欢邻居家这位可爱聪明的小男孩，两人之间也建立了深厚的忘年之交的友谊，马克思后来的博士论文就是献给他的。他了解空想社会主义的思想，并向马克思介绍了圣西门的观点。马克思从小就受到这样的熏陶，这与他后来的思想、观念的发展不无关系。

燕妮比马克思大4岁，是个美丽而恬静的小姑娘，经常与马克思在一起玩耍。马克思顽皮而幽默，经常把燕妮逗得咯咯笑。虽然身为名门淑媛，但燕妮却在具有民主、自由精神的父辈们的影响之下，思想解放，对劳动人民的悲惨遭遇充满了同情心。

燕妮同父异母的哥哥斐迪南是个极具贵族气质的人，后来成为普鲁士大臣。燕妮的同胞弟弟埃德加尔后来前往美国参加了解放黑奴的南北战争。

马克思小学时期的全部课程都是在父母的指导下完成的，因此没有进过小学学校。不过，他是个非常顽皮的孩子，喜欢户外游戏，在孩子们中间是个"小领袖"。他以极端丰富的想象力博得了众多小伙伴的钦佩，小伙伴们也很有兴趣地一连几个小时听他讲一些离奇古怪的故事，而这些故事都是马克思自己随时随地编出来的。

1830年12月，12岁的马克思进入特利尔中学学习，在这所学校里度过了5年的学习生活。

特利尔中学，更确切地说是特利尔的弗里德里希—威廉中学，是一所不错的学校。从校名上来看，它是一所以国王的名字命名的学校，因此从师资配备到课程安排以及毕业考试，都比较严格，在这里任教的老师都是一些出色的古典语言学家、考古学家、数学家等。

校长维滕巴赫是一位著名的历史学家和进步学者，在学校里讲授历史和哲学。他对康德的哲学有着很深的造诣，是特利尔市康德研究小组的组长，又是特利尔市文化俱乐部的发起人和领导者。马克思的父亲也参加了这两个团体，与维滕巴赫关系密切。

马克思进入弗里德里希—威廉中学后，深得维滕巴赫校长的喜爱，而马克思也从这位前辈身上学到了许多东西。马克思日后对历史及哲学的特殊爱好，就与这位校长的影响不无关系。

在全班32名学生中，马克思是年龄最小的，大多数同学都在20岁左右。同学们都很喜欢这个聪明开朗的伙伴，但又害怕他那信口拈来的讽刺诗。当时，马克思在学校中就以说话能击中要害、开玩笑贴切自然而著称。

这所中学虽然教学严格，但那个时期的学校普遍没有严格的教育体制，因此学生们的学习都比较自由、随意，无论学什么，一般都能比较轻松地拿到毕业证书。这种环境对于那些学习自觉、求知欲强的学生来说，无疑是个有利条件。他们可以在这种无拘无束、自由自在的知识海洋中尽情汲取营养，产生淳朴、真挚的思想。

在特利尔中学期间，马克思的作文总是以论证精辟、思想丰富而见长；他的历史课、地理课也都学得非常好；对宗教课学习也很认真。但他学得最出色的应该算数学，因为他对数学有着浓厚的兴趣。

在这所学校，马克思读了5年，其中一年级（大约相当于初中班）只读了两年就进入高中班，按规定需要再修3年。从当时的高中班教学计划来看，课程是比较充实的，主要是一种人文教育，尤其是几门语言课，教学内容都是一些哲学家、历史学家和文学家的作品。

其中，拉丁语课包括西塞罗的《讲演录选》、塔西佗的《编年史》和《阿格里克拉传》、赫雷西的《颂诗》和《讽刺诗集》；希腊语课主要包括柏拉图的《斐德罗篇》、修昔底德的《伯罗奔尼撒战争史》

第一卷、《荷马史诗》以及索福克勒斯的《安提戈涅》；德语课程包括歌德、席勒和克洛普什托克的诗词及17世纪以来的德国文学史；法语课程包括孟德斯鸠和拉辛的作品；历史课包括罗马史、中世纪史和现代史等。在科学知识课中，数学课包括代数、几何、三角等；物理课包括声学、光学、电学和磁学等。

正在成长中的马克思在这样的学习环境中，思想极为活跃，性格也日趋成熟。他开始思考人生，思考社会，他那丰富的想象力和思想也开始充分地反映在他的作文当中。

现在，有3篇中学作文是被保存下来的马克思最早的文稿：一篇是有关宗教方面的，题为《根据约翰福音第十五章第一至第十四节论信徒和基督的结合，这种结合的本质、绝对必要及其影响》；一篇是有关历史方面的，题为《奥古斯都的元首政治应不应该算是罗马历史上最幸福的时代》；另一篇是自由选题，在这篇作文中，马克思充分地抒发了自己未来的志向。

（三）

1830年，法国爆发了推翻波旁王朝的七月革命，巴黎人民的胜利欢呼声震荡着整个欧洲，普鲁士统治下的莱茵省也受到了冲击。很多地区发生了反对普鲁士封建专制统治的起义，资产阶级和各界民主人士都强烈要求自由、民主和德国的独立、统一。

在这种局势下，特利尔中学也受到了影响。期间，马克思与他的同学们都积极、热情地关注着事态的发展，甚至参加到运动当中。

1834年，在马克思中学毕业的前一年，特利尔发生"文学俱乐部"事件：一些自由主义者上街游行示威，宣扬理性和自由，维滕巴赫校长所领导的特利尔中学受到了搜查。当局没收了学生手里被查禁的书籍，还逮捕了1名中学生。政府当局甚至提出要免去维滕巴赫的校长职务。

听说当局要撤销维滕巴赫校长的职务，学校上下反响强烈，马克思和他要好的同学格拉赫和埃德加尔一起组织学生进行抗议。当局见维滕巴赫校长在学校师生中的威信如此之高，只好将学校的一个反动教员摩尔斯任命为副校长，由他来监视学校政治方面的活动，通过他来扼杀和抑制这里师生的斗争精神和自由空气。

然而，封建专制对自由、民主和进步运动采取的残酷镇压令马克思和他的同学们更加痛恨反动政府。马克思甚至以自己的行动向反动专制政府挑战。当他中学毕业时，他竟然拒绝向普鲁士政府派来的专门监视学生的摩尔斯副校长告别，以此表明自己的进步倾向。

1835年9月，17岁的马克思在这种为争取自由而斗争的潮水中中学毕业了。由于学校的多数学生都是政府官员和资产阶级的子弟，所以临近毕业时，大家都纷纷议论一个中心问题，就是如何选择自己的职业。一些学生希望走上仕途或从事学术活动，这就需要继续攻读大学，以便将来能够成为政府的官员、神甫、牧师、教授或科学家；另一些人则立志做个富裕的商人，或者当个耀武扬威的军官。

为了了解学生们毕业后的志向，学校给马克思这届学生出的毕业作文考试的题目为《青年选择职业时的考虑》。于是，学生们都在作文中直抒胸臆，憧憬着自己的辉煌前程。而卡尔·马克思的作文却与众不同。

马克思的毕业作文有两个突出的特点：

第一，他不将职业当做个人谋求私欲的手段，而是将其作为为人民谋利益的杠杆。他认为，人如果只为了谋求私欲而生活，那是很可怜的；人若是为了全人类的福利而劳动，那么他就不会被困难所压倒，因为他是属于千百万人的。只有为了共同目标而劳动的人，才是高尚的，历史也会承认他们是伟大的人；相反，如果只是为了自己的私利而劳动，他可能会成为有名的学者、出色的诗人，但绝不会成为完人和伟大的人。

第二，社会对人的才能和职业的选择有着极大的限制作用。由于现实的各种社会关系，绝大多数人并没有选择职业的自由，他们只能在社会的摆布之下从事社会给他规定的工作。这里，马克思十分重视社会关系对个人的作用。

维滕巴赫校长在看了马克思的作文后，十分欣赏。他为马克思的作文写了这样的评语：

"相当好。作文的优点是思想丰富，叙述井井有条。"

此外，马克思中学毕业的评语还有"勤勉""富有思想""对事物有着深刻的了解"等。为此，马克思也获得了校长、师生和家长们都比较满意的毕业成绩。这些在中学时代就显现出来的优点，后来在马克思身上也一天天发扬光大。

事实上，马克思的非凡才能在中学时代就已经初见端倪。他的语言天赋、历史兴趣、历史知识，尤其是在他这个年纪就表现出来的思辨的理解力和思想深度，更是颇为罕见的。而这一切，正是一个哲学家和思想家所必须具备的。

第二章　从波恩大学到柏林大学

还有什么比父母心中蕴藏着的情感更为神圣的呢？父母的心，是最仁慈的法官，是最贴心的朋友，是爱的太阳，它的光焰照耀温暖着凝聚在我们心灵深处的意向！

——马克思

（一）

中学毕业后，马克思遵从父亲的意愿，准备进入大学学习法律。1835年10月，马克思离开特利尔，来到波恩大学。

波恩距离特利尔大约有160千米的路程，城市不比特利尔大多少。当时的波恩大学有700多名大学生。虽然大学生反对封建制度的运动已经被镇压下去，但争取自由、民主、和平的斗争还是通过各种不同的形式表现出来，这也令学校的秩序很混乱。一般专业的学制是4年，但不少学生都混七八年才毕业。

在波恩大学的第一个学期是冬季学期，但马克思的胸中却燃烧着"像夏天一样火热"的求知热情。他准备在这一学期修9门课程，其中不仅包括与法学有关的一系列课程，还包括自己感兴趣的艺术方面的课程，此外还打算选修物理和化学。

父亲亨利希得知儿子的这一打算后，为儿子的好学精神感到欣慰，同时也有点担心。他在给马克思的信中写道：

> 9门课程，在我看来是多了一点。我不希望你学的东西超过你的身体和精力所能支持的限度。不过，要是这对你没有什么困难，那就这样学下去吧。知识的领域是无限的，可时间却是短暂的。

马克思考虑了父亲的建议，最后选修了6门课程：法学全书、法学纲要、罗马法史、希腊罗马神话、荷马研究诸多问题以及现代艺术史。

刚刚开始的学习令马克思感到很满意。法学是他的专业，文学艺术是他的爱好，他对这两门课程都感兴趣。他如饥似渴地学习这些课程，结果过度的用功让马克思的身体很快就衰弱下来。他经常感到头痛、失眠，以至在临近第一个学期末时不得不休学了几个星期。

到了第二个学期，马克思熟悉了大学里的生活，也开始在同学们的劝诱下去参加他们的活动，并被推选为特利尔"同乡会"的主席。

在这期间，马克思也做了一些年轻人所做的糊涂事。有一次，马克思因夜间与同学喝酒，喝得酩酊大醉，被学校的法官禁闭了一天。还有一次，马克思与一个侮辱他的同乡进行了决斗。

而且，刚刚离开家门的马克思在生活上也非常缺乏自我料理能力，尤其是用钱毫无节制，这不仅因为他常常与同学朋友聚会，喝酒无度，纵情享受青春的快乐，也由于他买书没有选择性，结果手中的钱很快就用完了，只好写信向父亲要钱。

马克思在大学的这些行为让父亲亨利希很不满，于是决定暂停儿子在波恩的学业，准备在下个学期将儿子转到柏林大学去。就这样，马克思在波恩大学只上了一年，就回到特利尔城。

回到特利尔城后，马克思度过了一个愉快的暑假。在此期间，他与自己童年时代的女友燕妮·冯·威仕特华伦私订了终身。这时，马克思18岁，燕妮22岁。

两个年轻人从小就相识，两小无猜地度过了欢快的童年时代。正像经常发生的故事那样，他们之间这种淳朴的友谊也最自然不过地发展成为爱情。

不过，马克思与燕妮订婚的事并未征求双方父母的意见，当时只有马克思的姐姐索菲亚知道。直到马克思即将动身前往柏林之际，他才将订婚之事告诉父亲。

对于这件事，后来有人说得很好：

"马克思的订婚，虽然看起来也许是学生时代的一种轻率的举动，但却是这位天生的领袖所获得的第一个最辉煌的胜利。"

（二）

1836年10月，马克思来到普鲁士的首府柏林。柏林要比特利尔和波恩大得多，是当时欧洲的第九大城市。

柏林大学即弗里德里希—威廉大学（现洪堡大学），是德国的最高学府。这里集中了全国许多著名的学者，大哲学家黑格尔晚年曾在这里讲学长达13年之久。当然，当马克思来到柏林大学时，黑格尔已经去世5年了，但他的哲学思想在这里依然有很大的影响，他的一些弟子们还在讲坛上继续传播他的思想。

柏林大学的学术气氛很浓厚，也没有其他大学里那种普遍的酗酒现象。从柏林大学毕业的费尔巴哈曾尖刻地下过判语：

"比起这里的习艺所来，其他的大学简直就是酒店。"

马克思很喜欢这里的学习氛围。在柏林大学报到后，他便在米特尔大街61号租下一间房子，然后开始了刻苦攻读。在这段时间，马克思说：

"到了柏林之后，我断绝了从前的一切交往，有时去看人也是勉强的，我只想专心致志于科学和艺术。"

马克思在刚刚进入柏林大学时，对这里的教授们十分崇拜，因此他也充满热情地去听课。除了法学课之外，他还听哲学和历史课。然而一个学期后，他觉得这些教授的课终日都让人昏昏然，只会死背一些老套的讲义，而这些讲义马克思在课外都能很轻松地掌握。他感到这些教授的讲课令人厌倦，因此以后除了少数几位出色的教授讲课他去听课之外，其余都开始以自学为主，自由地钻研各种科学了。

在学校的9个学期中，马克思只选修了13门课程。相对来说，他在第一学年选课比较多，共选了6门。他很勤勉地学习了这些课程，尤其是极其认真地学习了黑格尔的信徒、德国著名法学家爱德华·甘斯的刑法课。

但即使这样，马克思的大量学习也都是在课下进行的。他以惊人的毅力阅读了大量的学术著作。关于法学，他阅读了一些全书类的大部头著作，如海纳克其乌斯的《按照〈罗马法全书〉次序叙述的民法原理便览》、蒂博的《罗马法全书的体系》、米伦布鲁赫的《关于罗马法全书的学说》，以及许多关于刑法和占有权等方面的法学著作。

此外，马克思还阅读了大量的艺术、科学和历史方面的著作，如拉辛的《拉奥孔》、佐尔格的《埃尔温》、温克尔曼的《艺术史》、卢登的《德国史》、培根的《论科学的价值和发展》等。他还翻译了《罗马法全书》的头两卷、塔西佗的《日耳曼尼亚》和奥维第乌斯的《哀歌》及亚里士多德的《修辞学》的一部分内容。

在这期间，马克思不仅学到了许多知识，更重要的是在阅读过程中养成了做笔记的习惯。对自己阅读过的一切书，他都会作出摘录，并顺便在纸上写下自己的感想。这种学习方法对自学成才的人来说是至关重要的。后来，马克思一生都保持着这种习惯。

（三）

在柏林大学的第一学年，马克思还以巨大的热情投入到诗歌创作之中。这既有青年人对于诗歌的爱好，也有马克思个人感情发展的原因。在很早的时候，马克思就在文学艺术的熏陶下开始爱好文艺，尤其是诗歌。在波恩大学期间，马克思就经常从事诗歌创作。而现在，由于对未婚妻燕妮的强烈思念，他更以极大的热情致力于写抒情诗。

在短短的几个月中，马克思就写了三本诗集，并于1836年冬献给燕妮。这三本诗集分别为《爱之书》第一部、第二部和《歌之书》。第二年，他还献给父亲一本诗集，以寄托自己对家乡和亲友的思念。

不过，马克思青年时代的诗大都是作为练习而写的。他写的全部诗作中只有两首《狂歌》于1841年发表在《雅典神殿》杂志上。这两首诗发表之后，《法兰克福谈话报》曾发表过评论文章。但文章在肯定马克思"独创的天才"的同时，对诗的形式却作了否定的评价。

随着各方面知识的积累，马克思也开始剖析自己的诗，认为这些诗歌并不成功，它们将理想与现实对立起来了。他说：

"一切现实的东西都模糊了，而一切正在模糊的东西都失去了轮廓。对当代的责难、捉摸不定的模糊的感情、缺乏自然性、全凭空想编造、现有的东西和应有的东西之间完全对立，修辞学上的考虑代替了富于诗意的思想。"

终于，马克思意识到自己缺乏诗人的天才，于是毅然放弃了这方面

13

的追求，而只是将诗歌创作作为自己的一种爱好。

马克思也曾按照父母的要求，在法学领域努力过。他阅读大量的法学著作，甚至远远超过老师指定的书籍。在学习过程中，他发现，要想更加透彻地研究法学，应将其与哲学联系起来。因此，马克思在学习法学的同时也开始学习哲学。

当时德国的理论界有个习惯，就是在研究一门科学时，都热衷于构建一个体系。受这种风气的影响，马克思也决定构建一个法哲学体系。对于一个涉世未深的年轻人来说，这未免有些操之过急，但从另一个角度来说，这也反映了马克思具有"初生牛犊不怕虎"的勇敢开拓精神。

在这样的学习过程中，马克思发现自己对哲学的兴趣越来越浓厚。1837年11月，他在给父亲的信中写道：

> ……这又一次让我明白了，没有哲学我就无法前进。这样，我就必须怀着我的良知重新投入她的怀抱。

但是，在构建法哲学体系过程中，马克思遇到了困难。他力图将自己掌握的庞大的法学知识贯通起来，进一步上升到哲学高度，并建立起一个包罗全部法学领域的庞大的法哲学体系。他先是叙述了若干形而上学原理作为体系的导言，然后根据自己的某种原理，通过一些复杂的分类，对全部法学内容进行长篇叙述。

可是，马克思很快就发现自己的这个体系过于虚假、空洞，其中还存在着许多无法解决的矛盾。就他当时所受的教育和素养来说，他是无力解决这一体系中的诸多问题的。

于是，他只好放弃这一努力，并将之前呕心沥血之作的法哲学手稿付之一炬。

建立法哲学体系所遇到的困难，也进一步让马克思认识到哲学的重要性，他开始将自己的研究重点从法学转移到哲学。马克思精心研究了康德、费希特、卢梭、伏尔泰、谢林等人的哲学思想体系，但收获不大。

后来，黑格尔的学生甘斯教授指导马克思研究黑格尔的哲学思想。黑格尔的唯心主义哲学体系博大、庞杂，包括逻辑学、形而上学、自然哲学、精神哲学、法哲学、宗教哲学等，马克思每天都废寝忘食地阅读、研究着。

研究上遭遇失败，壮志未酬、才华未展的苦恼，让19岁的马克思陷入深深的痛苦之中；加之长期以来不断地熬夜学习，甚至通宵达旦地写作，马克思终于病倒了。

从这一学年来看，马克思是失败的。但是，任何人都没有理由要求一个十八九岁的青年人——不论这个人是怎样的天才——在大学的第一年就能够创立一个包罗万象的思想体系。

事实上，如果说只有马克思才能创立后来那种以他的名字命名的伟大的思想体系，他之所以能做到这一点，除了他的天才之外，主要是由于他一开始所经历的许多挫折和失败。在大学第一年的不断尝试和失败，也让马克思获得了常人根本无法获得的知识和锻炼，为他日后成长为最伟大的思想家奠定了坚实的基础。

马克思在流亡伦敦期间，生活十分贫困，一家人经常一连几周靠吃马铃薯过活。在这样贫困的窘况下，马克思始终都坚韧不拔走自己的路，从事自己的事业。对于马克思来说，钱和生命所以需要，只是为了革命事业。他在一封信中说道："假如我有足够的钱——就是说大于零——来养家的话，而我的书又已完成，那我今天还是明天被投到剥皮场上，换句话说，倒毙，对我也是完全一样。"正是因为敢于在贫困与艰难时进行不屈不挠的斗争，马克思才最终成为一代伟人。

第三章　加入青年黑格尔派博士俱乐部

最好是把真理比做燧石，——它受到的敲打越厉害，发射出的光辉就越灿烂。

——马克思

（一）

马克思病倒后，根据医生的建议，他前往柏林郊区风景秀丽的施特拉劳小渔村疗养。让他没想到的是，这次疗养给他带来了理论探索中的机遇，就像当年哥伦布发现新大陆一样，他的面前展开了一片广阔的天地。

施特拉劳小渔村位于施普雷河的右岸，环境优美。如果步行的话，从柏林大学到这里只需一个小时，因此它也成为柏林大学的教授和同学们休闲的好去处。

马克思来到这里后，每天在河边散步休息，有时会同渔民们一起下河捕鱼，有时还同村民们上山打猎。一段时间后，他的健康状况得到了不错的恢复。

在养病期间，马克思在甘斯教授的建议下，从头到尾阅读了黑格尔的著作，也阅读了黑格尔大部分弟子的著作。这让马克思完成了一个青年时期的思想转折。

马克思在刚来柏林大学时，曾经接触过黑格尔的哲学。但那时他只读了一些片段，觉得自己不喜欢黑格尔著作"那种离奇古怪的调子"。然而，当他在这段时间深入地了解了黑格尔的辩证哲学的内容宏大和博大精深后，马克思的评价发生了根本性的改变。他在给父亲的信中说：

"我已经越来越牢固地同现代世界哲学（指黑格尔的哲学）紧密地连接在一起了。"

马克思从头到尾仔细地通读了黑格尔的著作，还研究了黑格尔学派的许多著作，他开始深信这个"古怪的"框架中的确蕴藏着大量的珍宝。

在以后的几年中，马克思都按照黑格尔的方式去思考、写作。可以说，掌握黑格尔辩证法对于马克思后来创作历史唯物主义体系有着巨大的意义。正因为如此，马克思终生都对黑格尔怀着深深的敬意，即使在他早已超越了黑格尔哲学的几十年后，也仍然对攻击黑格尔的人极为蔑视，并针对性地声明：

"我公开承认，我是这位大思想家的学生。"

在疗养期间，马克思还接触到一个青年黑格尔学派的学术小组——博士俱乐部。俱乐部中的成员都是有学问、有独特见解的青年黑格尔派分子。他们经常聚集在这个俱乐部中讨论切磋，交换各自的观点意见，将自己撰写的著作拿出来宣读并征求意见。这里的气氛蓬勃向上，热情真诚，因此也吸引了不少有才华的青年人加入。

马克思是通过一位名叫阿道夫·鲁藤堡的地理教师介绍到这个俱乐部的。这时马克思刚刚20岁，还是个默默无闻的大学生，甚至看上去还有点稚气，而俱乐部的成员们都要年长一些，有的在学术上已经初露锋芒。

但是，俱乐部的成员很快就发现这个新来的年轻人非同小可，他谈吐不凡，知识广博，尤其是那冷静的批判的头脑，更是令人折服。

很快，马克思就成为这个小圈子里的核心成员。俱乐部中好几个出色的人物都与马克思成了好朋友，他们里面主要有卡尔·弗里德里希·科本、布鲁诺·鲍威尔、阿道夫·鲁藤堡等。

其中，与马克思关系最密切的是布鲁诺·鲍威尔。鲍威尔比马克思年长9岁，当时是青年黑格尔派公认的最具才华的代表。早些时候，他在基督教历史的研究方面就已很有成就。在与马克思相识后，他把马克思看做是自己最亲密的同伴，是为青年黑格尔派观点而战斗时的得力战友。

这样一批杰出的人物聚集在一起，实在是柏林学术界中一件引人注目的事。他们定期在位于叶戈尔大街和夏洛丹大街交叉口的施特黑里咖啡馆聚会，在这里喝咖啡，阅读各种报纸和政治书刊，辩论各种学术问题，甚至还辩论一些涉及政治和社会的问题。在这样一个场所中，马克思对于磨砺自己的思想的确获益不少。

可以说，这段疗养让马克思的人生道路出现了新的转机。他完成了从法学向哲学，从康德、费希特的主观唯心主义哲学向黑格尔的客观唯心主义辩证法的重大转变。其间，虽然他也经历了烦恼、焦躁和彷徨，但马克思的可贵之处就在于：他可以不断调整自己，果断地走出迷惘。

（二）

在休养结束返回学校后，马克思继续学习法学，同时也花费更多的时间和精力深化自己的哲学研究。在掌握了黑格尔哲学之后，他又将目光转向了哲学史。

对于马克思的哲学旅程来说，哲学史研究具有双重意义。一方面，马克思要在哲学史研究中尝试自己的黑格尔武器；另一方面，马克思还要在哲学史研究中尝试一下自己的哲学才华。恩格斯曾经说过，学习哲学，除了钻研哲学史之外还没有更好的办法。而且，在当时的学术界，标志着一个人哲学水平的，除了哲学博士学位之外，便是哲学史修养了，尤其是有否哲学史著作。

马克思首先将研究目标选定在西方哲学史的源头——古希腊哲学上。对于古希腊文化，马克思很早就表现出浓厚的兴趣，对古希腊神话和文学也素有研究；现在，他又将目光投向了古希腊哲学，主要是亚里士多德以后的后期希腊哲学。

这种选择与博士俱乐部对他的影响有关，因为青年黑格尔学派就非常重视自我意识问题，认为自我意识哲学代表了时代精神，是哲学的自由和能动性的来源。他们力图将黑格尔体系中的自我意识因素分离出来，作为重新构建的新哲学的核心。

黑格尔曾将古希腊后期的三派哲学家即伊壁鸠鲁派、斯多葛派和怀疑论派称为自我意识哲学，但这三派哲学历来都不受哲学教授的重视。而马克思却独具慧眼，将它们当成自己的研究对象，并打算全面深入地研究这三派哲学及其关系，写一部哲学史巨著。

自从马克思深入到哲学领域的重地后，他就打算在大学毕业后到大学里任教。对此，父亲提出了反对意见，因为他希望马克思能成为律师。

不过，在说理方面父亲是说不过马克思的。1838年复活节，父亲怀着沉重的心情，终于同意马克思在毕业后到大学任教，并要求他尽可能取得哲学教授的职务。

1838年初，马克思的父亲亨利希病倒了。5月初，母亲来信让马克思回特利尔为父亲准备后事。当马克思回到特利尔时，父亲已经病故，终年61岁。这一年，马克思才刚刚20岁。

父亲的去世使马克思十分悲痛，马克思将父亲安葬在故乡山下的墓地中。他以感激的心情怀念着父亲，并将父亲的照片始终放在自己的口袋里。

父亲去世后，马克思继续回到柏林大学求学。而且随着年龄的增长，他的求知欲也愈加旺盛，同学们都说他像一个贪婪的剥削者一样，"贪得无厌地学习"，在应该喘口气的时候也不休息一下。但马克思却认为，真理就是燧石，受到的敲打越厉害，发射出的光辉也就越灿烂。

1839年，在父亲去世一年多以后，马克思完全由法学领域转向了哲学领域，埋头于哲学的研究，尤其是全力研究伊壁鸠鲁派、斯多葛派和怀疑派哲学。以前，黑格尔和青年黑格尔派都曾研究过这三派的哲学体系，但黑格尔只是大体上说明了这些体系的一般特点，未曾深入研究个别细节，更没有看到这些体系对古希腊哲学史的重大意义。

为了弄清这些问题，马克思阅读了古希腊哲学家大量的著作，并决定以其作为自己申请博士学位的论文题目。

（三）

1840年，马克思确定了自己的博士论文题目：《德谟克利特的自然哲学和伊壁鸠鲁的自然哲学的差别》。

在写作过程中，马克思没有拘泥于前人研究的框框，而是以独特的视角重新审视了两位思想家的自然哲学，突破了许多历史上的传统看法和当时流行的观点。

在论文中，马克思还高度评价了伊壁鸠鲁对宗教的批判精神和战斗的无神论精神。他在论文的序言中写道：

> 哲学，只要它还有一滴血在它那个要征服世界的、绝对自由的心脏里跳动着，它就将永远用伊壁鸠鲁的话向它的反对者宣称："渎神的并不是那抛弃众人所崇拜的众神的人，而是同意众人关于众神的意见的人。"

另外，马克思还在论文中借用普罗米修斯的自白——"老实说，我痛恨所有的神"来申明自己的无神论观点。他认为，对神的信仰反映了意识发展的低级阶段。人的自我意识高于神灵，神是不能同人的自我意识相提并论的。因此，对于无理性的人来说，上帝才存在。

马克思的这种战斗的无神论思想，也奠定了他此后向唯物主义转变的基础。

这篇论文的最大创新之处，就是高度评价了伊壁鸠鲁哲学所具有的独特的革命精神和深远影响，改变了人们对伊壁鸠鲁哲学的歪曲和误解，解决了一个在古希腊哲学史上悬而未决的问题。

1841年3月，不知疲倦的马克思终于完成了这篇博士论文。然而，这时普鲁士的政治形势已经发生了变化，柏林青年黑格尔派遭到了政府的排挤和迫害。当马克思将自己的论文拿给他的朋友鲍威尔看时，论文中鲜明的反对宗教和封建专制制度的思想倾向令鲍威尔感到震惊。他劝马克思最好能删掉论文中一些思想激进的言辞，否则可能会引起当局敌人的不满。但马克思认为，自己既然已经吹响了向旧世界宣战的号角，就不会轻易后退。因此，他最终也没有删去那些激烈的言辞。

正因为如此，马克思没有在柏林大学申请博士学位，而是将博士论文和有关材料寄给了当时被认为政治空气比较自由的耶拿大学。

很快，马克思的这篇论文就受到了主持鉴定工作的哲学系主任卡·弗·巴赫曼教授的赏识。他在马克思博士论文的推荐书中写道：

"该候选人才智高超，见解透彻，学识渊博……实在应该授予学衔。"

耶拿大学哲学系的其他教授也都一致同意系主任的意见。而鉴于马克思的博士论文具有较高的水平，耶拿大学于1841年4月15日在未对其进行答辩和进一步考试的情况下，为马克思颁发了哲学博士的学位证书。

这时，马克思还未满23周岁，但这位年轻的哲学博士的才华却受到了知识界的高度赞扬。著名的青年黑格尔分子莫泽斯·赫斯在给一位朋友的信中介绍马克思说：

> 你应该准备去结识一位最伟大的哲学家，也许是当今活着的唯一的真正的哲学家。他即将显露头角，会把德国的眼光吸引到他的身上。他将给中世纪的宗教和政治以最后的打击。他既有最深刻的哲学严肃性，又有最敏锐的机智。请你设想一下，如果把卢梭、伏尔泰、霍尔巴赫、拉辛、海涅和黑格尔结合成一个人——我说的是"结合"，不是"凑合"，那这个人就是马克思博士。

1835年夏，马克思即将中学毕业，他的一篇作文引起了老师的注意。这篇文章的题目是《青年在选择职业时的考虑》，文中有几段这样写道："如果人只是为自己而劳动，他也许能成为有名的学者、绝顶聪明的人、出色的诗人，但他决不能成为真正的完人和伟人。""如果我们选择了最能为人类福利而劳动的职业，我们就不会为他的重负所压倒，因为这是为全人类所做的牺牲，那时，我们感到的将不是一点点自私而可怜的欢乐，我们的幸福将属于千万人，我们的事业并不会显赫一时，但将永远存在。"文章中深刻的思想内容为教师们所惊叹，马克思也因此而给老师们留下了深刻的印象。

第四章 《莱茵报》主笔岁月

一个人应该：活泼而守纪律，天真而不幼稚，勇敢而不鲁莽，倔强而有原则，热情而不冲动，乐观而不盲目。

——马克思

（一）

19世纪三四十年代，德国正处于四分五裂的封建割据状态。根据1815年维也纳会议决议建立起来的德意志联邦，包括34个封建君主国和4个自由市，各邦国都有自己的政府、军队、法律、海关、货币制度和度量衡制度。

联邦会议由各邦代表组成，当时联邦会议的主席是极端反动的奥地利帝国首相梅特涅。他竭力支持各邦恢复封建专制制度，残酷地镇压一切自由主义运动，禁止自由主义思想的传播。

1819年，德意志联邦根据梅特涅的提议，通过了反动的《卡尔斯巴德法令》，解散各大学的学生协会，解聘具有自由主义思想的教授，并对大学实行严格监督，加强书报出版的检查制度。

《卡尔斯巴德法令》通过后，封建贵族的反动势力在德意志各邦普遍加强起来，普鲁士成为德意志的反动中心，国王弗里德里希·威廉三世更是反动透顶。但是，反封建专制的民主革命运动不仅没有消失，相反，还激起了更多的人起来反对封建专制统治。

1840年春，普鲁士国王弗里德里希·威廉三世去世，他的儿子弗里德里希·威廉四世即位。为了缓和国内矛盾，威廉四世曾答应反对派集团提出的实行自由主义的执政方针。于是，资产阶级自由主义派活跃起来，他们欢欣鼓舞地认为，封建专制制度即将结束，政治局势将有一个明显的转机，自由时代即将来临。

然而，主张实行封建君主专制的威廉四世不过是耍了一个手段而已。不久，他就公开声明，称不会实行立宪改革，而是继续维护和加强封建专制制度。

资产阶级企图改造普鲁士君主专制制度的意愿被无情地打压了，持有言论出版自由观点的大学教授受到了严密的监视，发表过政治演讲的大学生也遭到了起诉和逮捕。顷刻之间，普鲁士上空阴云密布。

马克思在柏林大学毕业之前，原本是准备到波恩大学任哲学副教授的，但由于普鲁士封建王朝对资产阶级自由主义和民主主义的镇压，他的这一计划落空了。

1841年4月中旬，在获得耶拿大学博士学位之后，马克思从柏林回到特利尔。此时，他与未婚妻燕妮已经订婚5年了，原打算回到特利尔后就结婚。但是，由于父亲去世后家道中落，母亲给马克思提出了一个要求，那就是让他尽快获得学位和高官厚禄，并规定供给马克思的钱只能是"为了获得学位"。而这时，马克思获得的是哲学博士学位，不是法学博士学位，这就大大限制了他获得有利可图的官职的可能性。

对此，母亲很生气，遂以儿子工作选择不妥为由，拒绝分给他应得的父亲的那份遗产，并且通过法庭暂时剥夺了他的继承权（直到1848年初马克思才获得父亲的一份遗产）。

母亲之所以这样做，是责怪马克思不去寻求高官厚禄，而是醉心于各种危险的政治思想活动。因此，她决定以这种方式迫使马克思改变政治信念，重新走上能获得高官厚禄的道路。

母亲的决定妨碍了马克思结婚的打算。但是，马克思并未因此而改变自己的追求。

1841年7月初，马克思离开特利尔来到波恩。那时，波恩的宗教徒们利用新的文化大臣艾希霍恩迫害青年黑格尔派，并开始攻击布鲁诺·鲍威尔。不久，国王就找了一个借口，禁止鲍威尔继续在波恩讲学了，并于不久后解除了鲍威尔在波恩大学的副教授职务。

这件事堵住了马克思想在波恩大学谋求职业的道路，马克思的博士文凭也因此而成了一张废纸。

但是，马克思并没有因为反动势力的猖獗而退缩，而是继续在波恩住了下来，一边寻找新的就业机会，一边继续他的理论研究工作。马克思认为，自己虽然已经获得了哲学博士学位，但还有许多问题需要进一步研究。

（二）

在波恩的日子，马克思阅读了大量的哲学著作。就在1841年的夏天，路德维奇·费尔巴哈出版了《基督教的本质》一书。马克思一口气读完了这部著作，顿时感到耳目一新。

费尔巴哈早年曾在德国爱尔兰根大学执教，因反对宗教而受到反动政府的迫害，后来便长期隐居在乡村。但是，他一直都没有放弃对哲学的研究。在《基督教的本质》一书中，他用唯物主义的观点对宗教进行了彻底的批判，认为自然界是离开人的意识而独立存在的，思维是存在的反映，人是自然的产物，神不过是人的本质的虚幻反映而已。

费尔巴哈第一次突破了唯心主义在德国长达数十年的统治，恢复了唯物主义的权威。

这部书对马克思的影响很大。通过对费尔巴哈和其他哲学家著作的研究，马克思写下了5大本日记。

可是，马克思却始终找不到合适的工作。后来他调整了思路，觉得既然不能到大学讲学，那就写一些政论文章来发表，不是一样能达到与专制制度斗争的目的吗？

于是，马克思毅然投身于反对普鲁士专制制度的政治斗争之中，由此也逐渐实现了从唯心主义向唯物主义、从革命民主主义向共产主义的转变。

马克思作为战士而不是学者所写的第一篇战斗檄文是《评普鲁士最近的书报检查令》。在这篇文章中，他对普鲁士政府表面宽大、实则更加严格控制的"新闻出版自由"进行了深刻的揭露和批判。

这是一篇真正的雄辩之文，其中不仅有法律知识、逻辑力量，还有正义的呐喊、辛辣的讽刺。这篇政论文章也表明了马克思的革命民主主义立场，尽管文中还带有一些强调理性的唯心主义色彩，尽管当时的马克思还未能认识到改革社会的决定性因素，但他那种敏锐的政治洞察力、革命的批评精神以及卓越的才华已经露出冰山一角了。

马克思将这篇战斗檄文寄给了在德累斯顿办《德国年鉴》的青年黑格尔派分子鲁格，受到了鲁格的赞赏。但由于书报检查的原因，这篇文章无法刊载,鲁格只好将其编入一部《德国现代哲学和政论界轶文集》中,直到一年后才在瑞士面世。

在此期间,马克思还与鲍威尔合编了《无神论文库》。其中的第一部著作是《对黑格尔、无神论者和反基督者的末日的宣告》,矛盾直指宗教蒙昧主义和旧的封建秩序,出版后很受欢迎,但同时也遭到了反动当局的查禁。

第二部作品是《黑格尔对宗教和基督教艺术的憎恨以及他对全部国家法律的破坏》,但这部作品一直未能问世,主要是马克思在写作过程中思想发生了新的变化,觉得自己在一些问题上出现了与鲍威尔不同的见解。鲍威尔的观点一直都停留在哲学批判上,而马克思则认为:仅在哲学领域批判普鲁士专制制度是不够的,还应该投身于政治斗争当中,直接向反动政府宣战。

1842年初,马克思的未婚妻燕妮的父亲路德维希·冯·威仕特华伦先生病危。马克思获悉后,立刻放下手中繁忙的事务,从波恩赶回特利尔探望老人。

同年3月,威仕特华伦先生不治去世,这是马克思在继父亲去世后遭受的又一次打击。威仕特华伦先生是个充满浪漫主义和理想主义情调的人,非常欣赏马克思的才华和气质,马克思也十分敬重和爱戴他,两人的关系十分亲密。在燕妮的亲属当中,也只有威仕特华伦先生最赞成他们两人的关系。现在,威仕特华伦去世了,意味着燕妮所受到的家庭压力越来越大。

在特利尔处理完威仕特华伦先生的丧事及自己的一些家务事后,马克思又回到波恩,继续为生计奔走。这时,《莱茵报》吸引了他的眼球。

（三）

《莱茵报》是由莱茵省的大资产阶级代表人物于1842年初出资创办的报纸。随着莱茵省工商业的迅速发展，这些颇有影响力的人物认为有必要利用报纸来反映他们的利益诉求。为了扩大影响，他们专门物色了一些青年黑格尔派的代表参加报纸的编辑工作。鲍威尔兄弟、赫斯、科本等著名的青年黑格尔分子都是《莱茵报》的撰稿人。

不久之后，马克思就投身到这份报纸当中。1842年春，作为《莱茵报》的撰稿人，马克思开始创作一篇篇的政论性文章。在这些文章当中，影响最大的是评论莱茵省第六届议会辩论的争论文章，题目为"关于出版自由和公布等级会议记录的辩论"。

文章发表之后，在社会上引起了很大的轰动。众多《莱茵报》的读者很快发现，署名为"莱茵省一居民"的文章思维敏锐、笔锋犀利，迥然不同于报纸上的其他文章。"莱茵省一居民"就是马克思。

《莱茵报》的股东们也很快就发现了这个才华超众、笔锋锐利的年轻人。因为能带来经济效益，马克思的文章中有一些激烈的言论，股东们也睁只眼闭只眼。1842年10月，风华正茂的马克思被股东们聘为《莱茵报》的主编，《莱茵报》也成为马克思真正走向社会的第一个政治思想舞台。

担任《莱茵报》主编后的马克思，自然要与当时的社会有着广泛的接触，这也直接促使他从纯粹的书斋走向社会。在马克思接手《莱茵报》时，《莱茵报》还是一家不起眼的报纸，在莱茵省影响不算大，更谈不上全国性的影响了，其销售额只相当于它的对手《科伦日报》的十分之一。

但马克思接手后，很快便让其起死回生。他首先从报纸的风格和基调上进行改革，让报纸具有明确一致的风格和基调，主要是实行"不要让撰稿人领导《莱茵报》，而是让《莱茵报》领导撰稿人"的原则。他反对报纸刊登那些脱离实际的纯学术性文章，更反对刊登那些对当权者摇尾乞怜的文章。他主张：报纸应体现群众的基本要求。

在马克思的主持下，《莱茵报》的革命民主主义倾向日渐鲜明，甚至完全成为民主进步人士的代言人。《莱茵报》的影响力迅速增大，发行范围遍及全国，甚至超越了普鲁士的国界。

但同时，马克思的政论性文章也招来了普鲁士反动当局的注意。报纸上那些激进的民主腔调，与普鲁士的政治专制是极为不和谐的。于是，普鲁士政府的书报监察制度在这时开始发挥效用了。他们开始向报纸找茬，禁止报纸发表一些关于国家与教会关系等方面的政论性文章。

在马克思为《莱茵报》写的对第六届莱茵会议的第二篇议论性文章因涉及教会问题而被禁止发表后，他对第六届莱茵会议的第三篇评论文章，即《关于林木盗窃法的辩论》就像是一颗重磅炸弹，在当地引起了巨大反响。

这篇文章表现了马克思鲜明的社会政治立场。他旗帜鲜明地站在劳苦大众的一边，批驳当地的贵族地主代表加在他们头上的所谓"盗窃"的罪名。穷人到树林中去捡拾枯枝作柴火，贫苦的孩子到树林中采拾野果换几个零钱，这本来就是他们的权利。而占有林木的贵族地主代表却说这是"盗窃"林木的行为，并要求当局制定法律对穷苦百姓严加惩处。

马克思在文章中指出，莱茵省议会支持对砍伐林木的人加重治罪，这维护的根本不是法律，而是林木私有者的私人利益。等级国家的法律是维护私人利益的，等级议会是保护私有者利益的工具，他们与人民的利益是根本对立的。

虽然此时马克思的思想还带有黑格尔的影响，认为国家是整个社会利益的代表者，但他已经看到私有者利益同现存国家制度之间的联系，也已意识到普鲁士国家绝不会像黑格尔哲学中所赞赏的那样，是个至善至美的国家。

（四）

马克思为维护穷人利益而写的文章激怒了普鲁士政府，马克思和他的《莱茵报》也越来越遭到政府人士的憎恨。报纸所受到的检查越来越严格，被检查和删减后的文章往往变得面目全非。

监察机关的这一做法让马克思感到十分愤怒。为了获取自由而在桎梏下进行的生活是让人难以忍受的，马克思对普鲁士政府愚昧、专横的统治，对人们曲意逢迎、委曲求全的行为感到厌倦。但是，报纸依然不改以往的基调和原则。

此时，《莱茵报》除了为保护下层人民的利益说话外，同时又开始探讨如何从根本上改变劳动人民的生活状况问题，因此也刊登了一些讨论社会主义和共产主义问题的文章。

在挑选这类文章时，马克思把关很严。他剔除了大量只是贴上社会主义、共产主义的标签，而内容却空洞无物的文章。他在给鲁格的信中说，自己对这类文章的淘汰并不比检察官先生们更加留情，因为博士俱乐部的一些年轻人只顾盲目地大肆自我吹嘘，他们寄给编辑部的文章大多都是一些没有任何价值、却又自命为能够扭转乾坤的废料。

对此，马克思不仅淘汰了他们的文章，还与这些青年黑格尔派分子产生了越来越明显的分歧。

为了纠正这一风气，马克思给以梅因为代表的"自由人"写信，善意地劝告他们少发些不着边际的空谈，少唱些高调，多注意一些具体的现实，多提供一些实际的知识。可是，以梅因为代表的"自由人"对马克思的劝告很不满意。看来，分裂是不可避免的了。

就在这时，《莱茵报》与官方的冲突日渐加剧，与该报有密切联系的《德意志年鉴》《莱比锡总汇报》相继被官方查封。《莱茵报》发表文章，强烈抗议官方的这一举动，结果更加激怒了普鲁士政府。

终于，1843年1月19日，普鲁士官方作出了查封《莱茵报》的决定。但为了照顾股东的经济利益，官方允许该报继续发行直至4月1日。

当局给《莱茵报》提出的罪名是：该报的反对派倾向显然是散布对教会和国家的现成秩序的仇恨，煽动不满情绪，恶意诽谤国家行政机关，等等。

但是，报纸的查封也引起了下层人民的愤慨，一些民众自发地发起了给国王的请愿书活动。他们在请愿书中写道：我们不知道《莱茵报》是否发表过虚假的报道，是否诽谤过当局，但是我们知道，它的确写过关于我们的家园和我们的状况，关于我们的权利和我们的命运的真实情况。

马克思既被官方视为报纸的灵魂，也被报纸的股东们视为主导报纸产生反动派倾向的关键人物，因此为了保住报纸，股东们希望改变报纸的基调。这样一来，马克思就不得不离开编辑部。

当然，他也是不甘示弱的。在3月18日出版的《莱茵报》上，马克思公开刊登了一份声明，以向社会表明自己辞职的原因：

　　本人因现行书报检查制度的关系，自即日起，退出《莱茵报》编辑部。特此声明。

马克思博士

1843年3月17日于科伦

　　马克思离开《莱茵报》后，接任他担任该报主编的是奥本海姆。这是个极其温和而平庸的人物，但仍然不能改变报纸被查封的结果。1843年3月31日，《莱茵报》在出版了最后一期后被迫停刊。

第五章　与燕妮结婚

与其用华丽的外衣装饰自己，不如用知识武装自己。

——马克思

（一）

离开《莱茵报》后，马克思先到荷兰的舅舅家住了一个月，随后返回特利尔。在家中住了几天后，他来到莱茵省的一个小镇克罗茨纳赫。这里距离特利尔城大约80千米。自从威仕特华伦爵士去世后，马克思的未婚妻燕妮和她的母亲就住在这里。

至此，马克思与燕妮已经订婚7年了。1843年6月19日，这对相恋7年的爱侣终于结束了漫长的期望与等待，幸福地在克罗茨纳赫燕妮母亲的住宅中举行了简朴的婚礼。

婚礼结束后，马克思夫妇在燕妮的母亲和弟弟埃德加尔的陪伴下，在富有诗意的莱茵河畔作了蜜月旅行，从克罗茨纳赫到普法尔茨，再到巴登—巴登，最后又回到克罗茨纳赫。那是他们一生中最快乐、最幸福的时光。

从此，燕妮摆脱了贵族家庭的束缚，以一种无私的奉献精神始终坚定地与马克思站在一起，投身于他所为之奋斗的事业当中。正如恩格斯所说的那样：

　　"燕妮·马克思不仅与她的丈夫共患难、同辛劳、同斗争，而且还以高度的自觉和炽烈的热情投身其中。"

　　马克思获得了燕妮这样一个生活中的忠实伙伴和事业上的得力助手，这是他一生中所获得胜利中最辉煌的胜利。马克思和燕妮从此在生活的漫漫长途中携手并肩，相濡以沫。历史就这样既偶然又必然地将一个伟大的男人和一个伟大的女人结合在一起，令他们成为令世人仰慕的一对伟大的夫妻。

　　短暂的蜜月旅行结束后，马克思夫妇回到克罗茨纳赫住了下来。马克思一边筹划着未来，一边进行研究工作。在这段时间，马克思的研究十分广泛，主要集中在几个方面：一方面是围绕国家观问题对德国古典哲学，尤其是黑格尔哲学和费尔巴哈的哲学，进行更加深入的研究；另一方面是进行历史研究。

　　在研究过程中，马克思也逐渐开始运用唯物主义原则来分析社会，并用这种观点来分析和批评黑格尔的唯心主义国家观。之所以选择黑格尔的国家观作为突破口，是因为此时的马克思已经有了《莱茵报》工作的经验和感受。

　　从开始为《莱茵报》投稿到担任主编，马克思一直都在与国家问题打交道。无论是出版自由、教会，还是法律、经济问题上的一些辩论，都涉及国家问题。

　　在报纸上发表文章时，马克思几乎都没有脱离黑格尔的国家观。黑格尔将国家加以神话，看成是理性的代表。在开始的文章中，马克思用这种理想化的国家作为标准来衡量并批判现实中的普鲁士国家。但到后来，他却愈加清晰地感觉到国家其实并不可能是理性和公正的，而是受私人物质利益的左右的，国家总是袒护那些富人和统治者的利益。

这种现实的教训与马克思的黑格尔国家观发生了矛盾，而克服这一矛盾就能令马克思在国家观的问题上向前迈出一大步。

正在这时，费尔巴哈的《关于哲学改革的临时纲要》出版了，马克思及时地研读了这本书，并接受了费尔巴哈批判黑格尔的唯物主义原则，对黑格尔的国家观发起冲击。为此，马克思写了《黑格尔法哲学批判》一书，但可惜未能完稿。

在这本书中，马克思运用费尔巴哈批判黑格尔颠倒思维与存在关系并重新颠倒过来的方法，批判了黑格尔颠倒国家与社会的关系，由此得出一个重要的历史唯物主义结论，即：不是国家决定社会，而是社会决定国家。

此外，马克思还看到了私有财产对政治制度的决定作用，指出私有财产是国家制度的支柱，而且还是国家制度本身。正如后来恩格斯所说的那样，马克思从黑格尔的法哲学出发，结果得出这样一种见解：要获得理解人类历史发展过程的锁钥，不应该到被黑格尔描绘成"整个大厦的栋梁"的国家中去寻找，而应该到黑格尔所轻蔑的"市民社会"中去寻找。这表明：马克思已经开始克服黑格尔的唯心主义，走出了唯物史观的第一步。

（二）

在克罗茨纳赫度过的整个夏天，是马克思人生和思想发展的关键性阶段。在这期间，为了弄清国家和法律的本质，找出社会发展的原因，他还阅读了马基雅维利、孟德斯鸠、卢梭等人的著作，以及有关法国大革命的历史著作等，最终写成了5本笔记，即《克罗茨纳赫笔记》。

在这期间，马克思与青年黑格尔派分子中的鲁格还保持着联系，并在通信中讨论了有关出版《德法年鉴》杂志的问题。

鲁格比马克思年长16岁，青年时代曾参加过大学生运动，还为此坐过6年牢。但是，他始终没有对自己的命运悲观失望。后来，他获得了哈雷大学讲师的职位，还娶了一位有钱的妻子，过上了富裕的生活。

1838年至1841年，鲁格与人合办了一个青年黑格尔派的机关刊物——《哈雷年鉴》。柏林的"博士俱乐部"的大部分成员都是《哈雷年鉴》的投稿人。后来，因受到书报检查制度的威胁，政府企图查封《哈雷年鉴》，鲁格便将编辑部从哈雷城迁往德累斯顿，并将杂志的名称改为《德国年鉴》。

这时，马克思给鲁格寄去了《评普鲁士最近的书报检查令》的稿件，鲁格便就此与马克思商量共同创办杂志。

后来，政府又查封了《德国年鉴》，并且不允许鲁格继续在德国境内出版这类杂志。因此，鲁格便于1843年8月去了法国巴黎。他希望马克思也能到巴黎去，与他一起创办杂志。于是，马克思夫妇便于该年10月离开克罗茨纳赫，移居法国巴黎。

到达巴黎后，马克思夫妇租下一处简朴的房屋住了下来，然后便与鲁格研究创办杂志的事情。由于鲁格患病，所以杂志实际上是由马克思一人主编的。

杂志定名为《德法年鉴》，目的是将德国和法国的革命者联合起来，共同反对反动的统治阶级和讨论革命理论问题。

当然，要达到这个目的，杂志就必须在德国和法国的进步著作家中征稿。马克思首先写信给费尔巴哈，请求他写一些批判客观唯心主义哲学家谢林的文章。但费尔巴哈此时正忙于其他写作，没有马上同意。

不久，伟大的德国诗人海涅为《德法年鉴》写了几篇诗。海涅也是因受到书报检查制度的迫害而流亡国外的。马克思来到巴黎后拜访他时，他已经46岁了，比马克思年长21岁。不过，两人相识后很快就建立了真挚的友谊。

1844年2月，《德法年鉴》出版了一期双月刊，其中有马克思致鲁格的3封书信和《论犹太人问题》《〈黑格尔法哲学批判〉导言》，以及恩格斯的《政治经济学批判大纲》《英国状况、评论马斯·卡莱尔的"过去和未来"》等。

许多读者都对马克思和恩格斯在《德法年鉴》上发表的文章感兴趣。德国无产阶级诗人维尔特甚至专门写信告诉他的兄弟威廉说：

"你最好把它（指《德法年鉴》）找来读一读，因为那上面有出色的文章、作品，要比那已停刊的《哈雷年鉴》上所刊载的最好的东西强胜千倍。"

俄国革命民主主义者别林斯基在读了马克思的文章后，也写信对赫尔岑说：

"我找到了真理，我在神和宗教这两个词里看到黑暗、愚昧、锁链和鞭子。"

可惜的是，《德法年鉴》只出版一期就停刊了。尽管它才刚刚出生，但它那鲜明的性格也决定了它的命运。普鲁士国王得知这一期刊后，立即命令要用一切手段阻止这份刊物偷运入境，并下令一旦马克思、鲁格、海涅以及其他撰稿人进入普鲁士国境，便立即逮捕。书商们也被警告不得出售该刊，警察还到各家书店去搜查。这样，几百本《德法年鉴》最后统统落到了警察的手中。

而同时，《德法年鉴》的两位主编之间也发生了严重的意见分歧。因为持民主派观点的鲁格反对在《德法年鉴》上发表具有革命锋芒的文章，他害怕普鲁士政府的恐怖政策，不同意马克思攻击德国封建反动统治者，也不同意马克思的历史唯物主义和辩证唯物主义观点及共产主义立场。

（三）

1844年5月1日，马克思和燕妮的大女儿出生了。或许是出于对妻子的深切热爱，马克思赋予了女儿与妻子同样的名字：燕妮。

如同所有初为人父的男人一样，女儿的出生给马克思带来了无尽的快乐，也给他每天紧张、繁重的理论研究增添了无穷的乐趣。不过在女儿出生后不久，为了能给马克思的研究工作创造一个安静良好的环境，燕妮便带着女儿回到了特利尔老家。

马克思依然全力以赴地投入到理论研究之中。与此同时，他也不断在用手中的笔同德国封建专制制度进行斗争。这时，一家由德国民主流亡者在巴黎创办的《前进报》引起了他的关注。

这家报纸开始时的政治倾向比较温和，后来激进主义者卡尔·贝尔奈斯担任主编后，报纸的民主主义倾向开始变得愈加鲜明。于是，马克思不久后便成为该报的撰稿人。除了马克思之外，鲁格、海涅、海尔维格、巴枯宁、比尔格尔斯等人也都给《前进报》撰稿。

1844年6月，德国爆发了一次震撼世界的大事件：德国西里西亚纺织工人为反抗资本家的残酷压迫和剥削，发动了由3000多名工人参加的起义。他们捣毁了机器和工厂主的住宅，烧毁了票据和账簿，还用石块、木棒与前来镇压的军警进行殊死搏斗。

起义一共持续了3天，最终因反动政府的血腥镇压而失败了。但究竟该如何对待德国西里西亚纺织工人的起义事件，《前进报》很快就对这个敏感的问题作出了反应。

鲁格对西里西亚工人的起义持否定态度。他以"普鲁士人"为笔名发表文章，称德国西里西亚工人起义是缺乏"政治精神""毫无意义"和"徒劳无益"的暴动。他还否定无产阶级所采取的革命行动，认为解决社会问题不应是无产阶级革命，而是政权、国家和普鲁士王朝的使命。

对于鲁格的观点，马克思针锋相对，发表了《评"普鲁士"的〈普鲁士国王和社会改革〉》一文，对鲁格的观点进行了驳斥，指出西里西亚工人起义具有十分重大的意义，它标志着德国工人的政治觉醒。因此，马克思高度评价了这次起义，称其一开始就"恰好做到了法国和英国工人起义结束时才做到的事，那就是意识到无产阶级的本质"，它"毫不含糊地、尖锐地、直截了当地、威风凛凛地厉声宣布，它反对私有制社会"。

由此，马克思也得出结论：解决社会问题只能依靠无产阶级的力量。只有依靠无产阶级起来进行革命，才能推翻私有制和现存的国家政权，而不能像鲁格所说的那样，依靠现存国家制度来实现社会的根本改造和消除贫困。

此时的马克思，已经完全以一个唯物主义者和共产主义者的崭新面貌出现在历史舞台上了。

除了为《前进报》撰稿之外，马克思还参加了该报的一些编辑工作。这个报纸对普鲁士反动的封建专制制度作了公开的批判，为此，普鲁士政府要求法国政府对《前进报》采取暴力行动，并要求法国政府将《前进报》的编辑和撰稿人驱逐出巴黎。

法国政府屈服于普鲁士的压力，最终于1845年1月16日下令将马克思和其他几个撰稿人驱逐出法国。马克思得知这个消息后，立即写信通知了鲁格等人。

1845年2月3日，马克思离开法国，迁居布鲁塞尔。而鲁格在收到马克思的通知后，不仅没有离开法国，还马上奔到萨克森公使和法国议员门前，竭力向他们证明自己是个怎样忠实的公民，并向普鲁士政府递交了一份悔过书。在悔过书中，他出卖了许多流亡在巴黎的同志，并将自己的"罪过"全部推到那些"坏透了的年轻人"身上，企求政府的宽赦。

马克思在巴黎一共居住了1年零3个月。在这期间，他与巴黎的一些社会活动家和政治家进行了广泛的接触，同时也认识了一些工人组织的负责人，并参加了他们的活动。

在这段时间内，马克思在结合巴黎现实的阶级斗争，总结无产阶级的斗争经验，深入研究政治经济学、社会主义学说和哲学之后，逐渐形成了关于消灭私有制、关于无产阶级革命、关于社会主义等一系列新观点，并且完成了从唯心主义到唯物主义、从革命民主主义到共产主义的转变。

第六章　巴黎遇知己

> 工人阶级在反对有产阶级联合权力的斗争中，只有组织成
> 为与阶级建立的一切旧政党对立的独立政党，才能作为一个阶
> 级来行动。
>
> ——马克思

（一）

当马克思还在巴黎期间的1844年8月，他就以非常兴奋的心情接待了一位从英国曼彻斯特来的、衣着整齐朴素、长相十分英俊的年轻人。这位年轻人就是德里希·恩格斯。

恩格斯于1820年11月28日出生于德国巴门市的一个富有的纺织厂主家庭。中学时代，恩格斯曾先后在巴门市中学和爱北斐特中学读书。由于父亲生意上的需要，恩格斯中学没毕业就被迫按照父亲的旨意，先到自己的巴门事务所实习，后来又去不莱梅的一家公司学习经商。

父亲希望恩格斯能够成为自己事业的继承人，但恩格斯并不喜欢商业活动；相反，他非常喜欢读书，充分利用业余时间涉猎各种知识，文学、历史、哲学、神学、语言学等各类图书都在他的阅读范围之内。

此外，恩格斯还接受了民主主义思想的影响，经常动笔写一些文章，为革命风暴呐喊，同封建专制制度作斗争。

1841年9月，恩格斯到柏林炮兵旅服兵役。由于热爱哲学，恩格斯就抽空到柏林大学听哲学教授谢林讲授《启示哲学》，并利用一切业余时间研究黑格尔、费尔巴哈等人的哲学著作。这时，恩格斯已经成为青年黑格尔派的一分子，对谢林的哲学逐渐产生反感。在听完谢林的讲授后，他还写了一本小册子批评谢林的学说。他的小册子很快就得到了青年黑格尔派分子的热烈赞扬。

在这期间，恩格斯就已经知道了马克思的名气，对马克思的才华和人格都十分敬佩。出于对马克思的崇拜，在1842年10月，恩格斯在兵役期间返回故乡时，途中特地来到科伦，想见一见当时正在《莱茵报》担任主编的马克思。但遗憾的是，马克思此时刚好不在。

同年11月，恩格斯由巴门前往曼彻斯特，中途又在科伦停留。这一次他虽然见到了马克思，但马克思正忙于同已堕落为柏林"自由人"的一些青年黑格尔派分子进行公开论战。而且，这时的马克思也不了解恩格斯的思想已经发生转变，误将其当成是"自由人"中的一员，因此对待恩格斯的态度比较冷淡，两人没有经过深谈就分开了。

恩格斯在回到曼彻斯特后，应马克思的要求，为《莱茵报》写了一系列从不同侧面分析英国各方面状况的文章。通过这些文章，马克思逐渐了解了恩格斯，并对他产生了好感。尤其是恩格斯后来在《德法年鉴》上发表的两篇标志着他已完成了从唯心主义到唯物主义、从革命民主主义到共产主义转变的文章，更令马克思对恩格斯有了崭新的认识。这也为他们的第二次相见奠定了直接的基础。

1844年8月底，马克思在巴黎再一次见到这个英俊的高个子年轻人时，顿时感到一见如故。这次，恩格斯在巴黎逗留了10天，马克思一直陪伴在他身边。两个才华卓越的年轻人就他们共同关心的理论问题进行了坦率的交谈，最后发现两人的意见竟然惊人的相同。正如恩格斯后来回忆时说的那样：

"当我1844年夏天在巴黎拜访马克思时，我们在一切理论领域中都显出意见的完全一致，从此就开始了我们共同的工作。"

在这段日子中，马克思和恩格斯除了探讨理论问题外，还一起参加了巴黎的法国工人和德国工人集会。在马克思的引荐下，恩格斯还结识了一些法国工人运动活动家以及在巴黎其他国家的革命者等。

通过对工人运动的了解，马克思和恩格斯共同感到，不论是法国、英国、德国还是其他国家，工人运动都迫切需要革命理论的指导，制定一个新世界观的任务也迫在眉睫。因此，他们在讨论下一步的工作时，便决心合写一部批判青年黑格尔派的著作，对他们的主观唯心主义理论予以揭露和批评，使自己在思想上与他们彻底划清界限，同时还要在批判中阐明自己的观点。这部著作，就是两人的第一部合著——《神圣家族，或对批判所做的批判——驳布鲁诺·鲍威尔及其伙伴》，简称为《神圣家族》。

在巴黎逗留期间，恩格斯写完了自己分担的一小部分，然后便返回故乡巴门。马克思继续写作，而且像以往经常发生的那样，文章越写越长。到11月份，马克思将原计划中的一本小册子变成了一部内容丰富的巨著，书的内容也大大超出了原定的范围，以至于恩格斯在接到这本书的手稿时大吃一惊。

（二）

自从合写了《神圣家族》后，马克思和恩格斯在政治上一直互相配合，结成了最伟大的友谊。马克思逝世之后，恩格斯回忆说：

"我一生所做的是我注定要做的事，就是拉第二小提琴，而且我想我做得还不错。我很高兴能有像马克思这样出色的第一小提琴手。"

1845年5月，《神圣家族》出版了。这是一部论战性的著作，矛头直指以布鲁诺·鲍威尔为首的青年黑格尔分子的唯心主义哲学。这些人虽然在批判宗教方面起到过积极的作用，但从1842年以后，他们就向右滑下去，走上了一条与马克思和恩格斯不同的道路。而且，他们还日渐远离政治和社会活动，堕落成一个热衷于高谈阔论的小集团。他们标榜自己抽象的哲学批判，认为它超越了普通的批判而成为"批判的批判"，把自己的抽象玄奥的批判词句看成是扭转乾坤的力量。

针对鲍威尔等人的"自我意识"哲学，马克思和恩格斯在《神圣家族》中首先揭露了他们的主观唯心主义实质。马克思和恩格斯指出，鲍威尔及其同伙声称克服了黑格尔哲学的局限性，其实他们还完全停留在黑格尔的哲学范围之内。而鲍威尔等人与黑格尔的区别仅仅在于：他们不过是用"自我意识"代替了黑格尔的"绝对观念"，从而走向公开的主观唯心主义。

马克思和恩格斯还批判了青年黑格尔派将历史的发展归结为"自我意识"的发展史的唯心史观，阐明了物质生产对历史发展的决定作用。他们指出，并非观念决定历史，而是物质生产决定历史。不认识某一历史时期的工业和生活本身的直接生产力量，就不能真正认识这个历史时期。历史的发展并非在天上的云雾之中，而是在尘世粗糙的物质生产之中。

从物质生产决定历史发展这一基本观点出发，马克思和恩格斯进而批判了鲍威尔及其同伙所宣扬的英雄史观，深刻地阐明了人民群众是历史创造者的原理。

同时，在《神圣家族》中，马克思和恩格斯还通过分析资本主义制度下无产阶级和资产阶级的对立，揭示了资本主义私有制灭亡的必然性，论证了无产阶级肩负的历史使命。他们指出，在资本主义社会中，私有制产生出资产阶级和无产阶级两个对立的阶级，"私有制是保守的方面，无产阶级是破坏的方面。从前者产生保持对立的行动，从后者则产生消灭对立的行动"。无产阶级和资产阶级始终存在着对抗，无产阶级在失去生存条件的情况下，必然会起来革命，推翻资产阶级的统治，并最终消灭私有制。

由此看出，马克思和恩格斯此时已能够从资本主义的经济关系出发，来论证无产阶级的历史使命了。可见，此时他们的思想已经越来越接近于无产阶级科学世界观的理论体系了。

《神圣家族》出版后，立刻在社会上引起了强烈的反响。德国的《科伦日报》称，这本书批判了消灭现代社会弊病的不彻底的、站不住脚的理论，反映了社会主义观点；《奥海姆晚报》称，这本著作是最深刻和最有力量的一本书；德国最大的保守派报纸《总汇报》则称，它的"每一行字都在鼓吹反对国家、教会、家庭、法制、宗教和财产……的暴动"，但同时又不得不承认马克思有着非常渊博的知识，善于运用黑格尔逻辑学的辩证法，即"铁的逻辑"。

列宁对这部著作的评价也很高，称这本书奠定了革命唯物主义的社会主义基础。因此，他在阅读这部著作后作了大量的摘录，还写了许多赞扬性的评语。

马克思和恩格斯也十分喜爱这部著作，称它的每一句话都很有意义，书的文风也鲜明而有特点，主要是尖锐的讽刺和论战，充满了幽默，以至于恩格斯说：

"这本书的确写得十分精彩，能令人捧腹大笑。"

当然，这本著作是马克思和恩格斯在青年时代写就的，因此在批判鲍威尔的错误时，有些地方不免带有激进情绪，使用的语言也过分挑剔。在今天看来，有些地方离开了当时的具体环境不容易理解，比如第七章中，许多地方都是一些过分挑剔的批评，模仿原作者的口吻进行讽刺，抓最小的矛盾，嘲笑《文学报》上的一切蠢话等。

（三）

当《神圣家族》出版后，马克思的巴黎生活也即将结束了，他不得不再次被迫离开巴黎，迁往布鲁塞尔。

刚到布鲁塞尔时，马克思的处境十分艰难。恩格斯得知马克思被驱逐后，马上意识到马克思需要生活上的帮助。因此，他发动莱茵省的朋友们为马克思筹集了一笔款子，并把自己的《英国工人阶级状况》一书的第一笔稿酬寄给了马克思。

在给马克思的信中，恩格斯说：

"让我们大家以共产主义的方式来分担你因此而支出的意外费用，……至少，不能让那群狗东西因为用卑劣手段使你陷入经济困境而高兴。"

1845年4月，恩格斯脱离了家庭的商业工作，来到布鲁塞尔，与马克思通力合作，从事革命实践活动和科学理论的研究工作。从此，这两位智力和性格都非常相近的职业革命人，将他们的智慧与各自以往的研究成果完全结合在一起，形成了崭新的科学社会主义学说。

5月初，恩格斯与马克思一家在城东边的同盟路租到了房子，马克思家住5号，恩格斯住7号。这时，燕妮也带着女儿来到布鲁塞尔陪伴马克思，马克思家中还来了一个新成员——22岁的女佣海伦·德穆特，大家都称她琳蘅。

琳蘅是摩塞尔河谷的一个农家女。当她还是个小姑娘时，就来到威仕特华伦的家中，在燕妮身边长大，成为燕妮的女伴和知己。现在，燕妮的母亲将她送到马克思夫妇身边帮忙料理家务。

琳蘅来到马克思家中后，先是帮助马克思夫妇把家安顿下来，紧接着就又有了新职务，因为在这一年的9月份，马克思的第二个女儿劳拉出生了。从此，这位善良淳朴、刚毅聪慧的理家能手就一直生活在这个家庭中，在长期颠沛流离的生活中分享着这一家的忧伤和快乐。

在来布鲁塞尔之前，恩格斯十分担心比利时政府可能会找马克思的麻烦。恩格斯的担心不是多余的，在马克思来到布鲁塞尔不久，普鲁士政府就对比利时内阁施加压力，要求将马克思驱逐出境。马克思无奈，最终只好脱离普鲁士国籍。从此，马克思成为一名真正的世界公民。

在生活安顿下来之后，马克思和恩格斯很快便投入到紧张的研究之中，将创立新的科学世界观作为研究的头等任务。马克思早就意识到科学论证共产主义的极端重要性；恩格斯在来布鲁塞尔之前，根据自己在家乡从事共产主义宣传的实际经验，也深感这一任务的重要性。

此时，马克思打算写一本大部头的经济学社会学著作，而这也正是恩格斯的心愿。他在巴门时，就写信给马克思说：

"目前需要我们做的，就是写出几本较大的著作，以便给许许多多非常愿意干但自己又干不好的一知半解的人以一个必要的支点。"

为了能阅读更多的经济学文献和其他科学文献，也为了进一步研究资本主义制度，马克思打算到英国去考察。因为英国是当时资本主义最为发达的国家，不对其进行考察就无法得到和认识资本主义社会所有的特征和现象。另一方面，还可以在英国直接了解英国的工人运动，并与工人运动的代表人物建立联系，这对马克思来说是十分重要的。

恩格斯也想继续研究英国的经济和历史，并且他也是马克思不可缺少的伙伴。因为恩格斯在英国生活过近两年，英语水平比马克思高；而马克思也很需要恩格斯协助他进行社会调查。同时，恩格斯还认识一些英国的工人领袖，又熟悉英国的科学文献书库。因此，两人决定一起前往英国进行一次考察。

第七章 《德意志意识形态》

不学无术，在任何时候，对任何人，都无所帮助，也不会带来利益。

——马克思

（一）

1845年7月，马克思和恩格斯一起登上了开往英国的客轮。到达英国后的一个多月时间里，他们先后去过曼彻斯特和伦敦。在曼彻斯特的切特姆图书馆中，马克思和恩格斯一起翻阅、查找了不少政治经济学书籍，并作了大量的摘抄。随后，他们又前往伦敦，考察那里的英国工人运动状况，并与宪章派领导人和正义者同盟等组织建立了联系。

这次考察使马克思和恩格斯在理论研究和实践活动方面得到了很大的启发。在回到布鲁塞尔后，他们决定：在详细阐述他们的新理论之前，必须对德国的哲学体系作进一步的分析批判。因为德国社会科学的主要成就是哲学，德国的哲学理论也高于欧洲各国。但是，哲学被神化了的理论却有许多谬误之处。

于是，马克思和恩格斯从1845年9月开始写作《德意志意识形态》这部巨著。这也是他们制定科学共产主义理论的哲学原理的一个重要步骤。

在这部著作中，马克思进一步展开和发挥了他在《关于费尔巴哈的提纲》中提出的一些新观点，与恩格斯一起，首先批判了费尔巴哈唯物主义的直观性和唯心史观；彻底清算了那些在黑格尔哲学体系中，并在它的废墟上形成的青年黑格尔派布鲁诺·鲍威尔和麦克斯·施蒂纳的主观唯心主义哲学；第一次以比较完整的系统的方式论证了马克思主义哲学，尤其是唯物史观的一些重要原理；阐述了科学共产主义的理论，揭示了社会发展的本质以及一般性规律。

马克思和恩格斯还第一次阐明了人类历史的前提，首次明确提出了"物质生活条件"这一科学概念。他们认为，从事实践活动的人和人们的物质生活条件，是任何人类历史的第一个前提，也是历史唯物主义的出发点。

物质生活条件包括各种因素，其中，地理条件、人口增殖等是影响历史发展的基本要素；而物质生活资料的生产和再生产，则是人类社会生存和发展的决定性因素。正是因为有了物质生产，才让人类最终脱离了动物界，从而开始了人类社会的全部历史过程。

因此，马克思和恩格斯指出：

"人们为了能够'创造历史'，必须能够生活。但为了生活，首先就需要衣、食、住以及其他东西。因此，第一个历史活动就是生产满足这些需要的资料，即生产物质生活本身。"

马克思和恩格斯还第一次阐述了生产力和生产关系之间的辩证关系，指出生产工具、劳动技能和科学技术等的发展决定着生产关系。一定的生产关系综合是在一定时期的生产力基础上产生的，它适应于生产力的性质，并构成生产力发展的条件。

而随着生产力的发展，一定的生产关系便逐渐成为阻碍生产力进一步发展的桎梏，与生产力相冲突。要想解决这个矛盾，就需要用崭新的、适用于已经发展了的生产力的生产关系来代替旧的生产关系。

一切历史冲突，究其根源都是由生产力和生产关系的矛盾造成的，而这种矛盾的解决每次都要引发革命。当生产力发展到一定程度时，生产资料的私有制就会成为束缚生产力的桎梏，而这种桎梏也必将为社会革命所摧毁。

（二）

在这部著作中，马克思和恩格斯还第一次提到了关于经济基础与上层建筑的理论。在这里，两人仍沿用"市民社会"这个概念来说明经济基础，也即生产关系。在马克思和恩格斯看来，"市民社会是全部历史的真正发源地和舞台"，它决定国家、决定全部观念形式的上层建筑。而且随着生产力的发展，人们在生产和交往中的物质关系以及经济组织也会发生变化，国家以及观念的上层建筑随之也会发生改变。

与此同时，书中还强调了共产主义的现实性：

> 共产主义对我们来说不是应该确立的状况，不是现实应该与之相适应的理想。我们所称为共产主义的，是那种消灭现存状况的现实的运动。这个运动的条件是由现有的前提产生的。

因此，对共产主义者来说，全部问题都在于使现存的世界革命化，实际地反对并改变现存的事物。而德国的空想社会主义学说，特别是所谓"真正的社会主义"，则"不是宣扬革命热情，而是宣扬对人们普遍的爱"，用爱的甜言蜜语向资产者呼吁。因此，马克思和恩格斯在这里以及后来的其他著作中对他们都进行了尖锐的批判。

《德意志意识形态》是一部内容丰富、思想深刻的巨著，但马克思和恩格斯仅用了6个月的时间就写完了。他们第一次比较系统、完整地阐述了历史唯物主义的基本原理，标志着第一个伟大发现的基本完成。

唯物史观创立的伟大意义，正如恩格斯所说的那样，"不仅对于经济学，而且对于一切历史科学（凡不是自然科学的科学都是历史科学）都是一个具有革命意义的发现"。它不仅为经济学的诞生提供了科学的理论基础，引起了政治经济学领域的伟大变革，而且还为社会主义研究提供了科学的理论基础，使社会主义由空想逐渐变成科学。

《德意志意识形态》是马克思和恩格斯合著的第二部著作，但可惜的是，这部巨著在马克思和恩格斯生前并未能问世，直到1932年才在苏联第一次全文发表。马克思在1846年12月28日写信给他的俄国朋友巴·瓦·安涅科夫的信中说：

"你很难想象，在德国出版这种书要碰到怎样的困难。这种困难一方面来自警察，一方面来自代表我抨击的一切流派的利益的出版商。"

后来，马克思在《政治经济学批判》一书的序言中，在谈到《德意志意识形态》这部书时，曾经诙谐地写道：

"既然我们已经达到了我们的主要目的——自己弄清问题，我们就情愿让原稿给老鼠的牙齿去批判了。"

由于未能出版，《德意志意识形态》的科学思想在当时一直未能传播出去。但是，它依然被公认为是马克思恩格斯哲学思想体系形成的标志，是这两位杰出的青年作者创造性思维的结晶。此后，马克思和恩格斯在战斗中不断传播这一理论，并用它来指导革命实践和科学研究。

（三）

1847年，马克思针对法国的小资产阶级社会主义者、无政府主义的创始人普鲁东所发表的《贫困的哲学》，针锋相对地发表了《哲学的贫困》这部著作。在这部著作中，马克思第一次以论战的方式，公开地阐述了自己在《德意志意识形态》一书中那些新世界观的基本观点。

马克思对普鲁东的批判分为两部分，分别评论了作为经济学家和作为哲学家的普鲁东。在序言中，马克思写道：

> 普鲁东先生不幸在欧洲异常不为人了解。在法国，人家认为他理应是一个拙劣的经济学家，因为他在那里以卓越的德国哲学而著称；而在德国，人家却认为他理应是一个拙劣的哲学家，因为他在那里以最杰出的法国经济学家著称。我们是德国人，同时又是经济学家，我们要反对这一双重错误。

在批判普鲁东经济理论的部分，马克思主要批判了普鲁东自认为是"伟大发现"的所谓"构成价值"这一理论。普鲁东认为，商品的价值是由商品的使用价值和交换价值两个因素通过交换而综合构成的，他自认为自己的这一观点向前推进了英国古典经济学的劳动价值论。事实上，他比李嘉图还倒退了一步。李嘉图将劳动时间决定价值看成是交换价值的规律，而普鲁东却将劳动时间决定价值看成是使用价值和交换价值之间矛盾的综合。

马克思在批判中首先表明了自己的理论态度和观点，肯定了李嘉图的劳动价值论是"科学的"，但也指出了其中的局限性，从而既客观又无懈可击地批判了普鲁东的经济理论。

　　在对普鲁东的思想方法进行批判时，马克思首次科学地阐述了自己的历史唯物主义理论。他认为，在现实的历史中，人既是他们本身历史剧的创作者，又是剧中人。在这个过程中，人不仅改造着社会，社会也改造着人。搬运工和哲学家之间的差别并不是天生的，从人的本性上来说，二者之间的差别要比家犬和猎犬直接的差别小得多，他们之间的鸿沟是由于社会分工造成的。

　　与普鲁东反对政治斗争和无产阶级革命的态度相反，马克思证明了这种斗争和革命的必然性和必要性，有力地论述了无产阶级革命运动的伟大历史意义，指出通过经济斗争、罢工以及组织工会等，对团结教育无产阶级群众具有很重要的意义，指出无产阶级应该具有阶级觉悟和社会主义觉悟，应该了解自己是推翻资产阶级社会的整个政治制度和经济制度的唯一革命阶级；无产阶级的彻底解放只有通过政治斗争、通过推翻资产阶级政治统治才能实现。

　　通过对普鲁东唯心史观的批评，马克思进一步明确地阐述了历史唯物主义的一系列基本原理，确立了马克思关于建立无产阶级政党的理论基础。直到今天，这一理论仍然具有伟大的现实意义。

第八章　石破天惊的《共产党宣言》

不真实的思想必然地、不由自主地要伪造不真实的事实，因此也就会产生歪曲和撒谎。

——马克思

（一）

当马克思在布鲁塞尔紧张地从事着理论研究时，贫困的阴影也时时笼罩在他的家中。原以为《德意志意识形态》出版后的稿酬可以暂时缓解燃眉之急，然而这一希望也成为泡影。随着儿子埃德加尔的出生，一家人的生活开销也不断增加，变卖和典当家中的贵重物品已是常事。

尽管如此，马克思的精神世界一直都很充实。孩子们的顽皮嬉戏和燕妮的理解与支持，帮助马克思排除了无尽的烦恼，为人类工作的信念也不断激励他继续攀登和求索。

在1847年1月时，正义者同盟中央委员会领导人之一约·莫尔携带着中央委员会的正式委托书先到布鲁塞尔找到马克思，后来又到巴黎找到恩格斯，再三邀请马克思和恩格斯加入正义者同盟。

约·莫尔诚恳地表明：同盟中央委员会确信马克思和恩格斯的观点

一般是正确的，也确信必须使正义者同盟摆脱陈旧的密谋性宗派主义。如果马克思和恩格斯愿意加入正义者同盟，那么他们就可以在同盟代表大会上阐述他们的科学共产主义观点，然后作为同盟的宣言发表。

正义者同盟是1836年在法国巴黎成立的，其成员多数为德国流亡到法国的半无产者。这个同盟一直都在从事秘密活动，并参加了法国1839年5月爆发的起义。起义失败后，大部分盟员被捕。在被捕的人中，有两个人后来在英国伦敦恢复了正义者同盟组织，这两个人是卡尔·沙佩尔和亨利希·鲍威尔。

正义者同盟的宗旨很不确定。由于他们几乎都是地道的手工业者，一方面遭受作坊师傅的剥削；另一方面，他们又都希望自己最终成为作坊师傅。只是由于大工业兴起，他们才成为刚刚向无产者转变而又附属于小资产阶级的人。他们还没有与大资产阶级直接对立，这是他们的缺点。但他们又有优点，那就是能够预料到自己未来的发展，具有革命性，并能够组织成为一个政党。

然而，每当问题涉及批判现存社会，分析经济事实的时候，他们那种手工业者旧有的成见又会成为一种障碍。在这些人当中，没有一个人系统地、深入地研究过政治经济学著作。他们信仰的只是社会上最流行的关于"平等""博爱""正义"的观念。

一直以来，马克思和恩格斯与正义者同盟的成员都有联系，而且他们通过口头、书信和发表文章也影响着正义者同盟中最杰出的盟员。

1846年11月，正义者同盟曾发出中央委员会告全体盟员书，号召同盟盟员要与空想共产主义思想作坚决的斗争，并宣布有必要制定一份供全体盟员作为规范的、简明的共产主义信条。但由于同盟的领导人在制定共产主义信条时遇到了许多理论上的困难，因此他们急切希望马克思和恩格斯能够参加。为此，他们特意委派约·莫尔诚恳地邀请马克思和恩格斯加入正义者同盟。

此时，马克思和恩格斯见同盟经过几年的发展已经有了根本性的改变，便欣然同意参加同盟的改组工作，努力使之成为一个无产阶级政党。而且，马克思和恩格斯还将他们同意参加正义者同盟的决定通知了在德国和其他国家的朋友，建议他们也加入同盟和同盟的改组工作。

（二）

1847年6月初，正义者同盟在伦敦召开改组大会，要求马克思和恩格斯在大会召开之前起草同盟的章程草案，并希望马克思和恩格斯出席大会。

但是，由于马克思经济拮据，没钱购买往返伦敦的车船票，只好请威廉·沃尔夫作为代表前往伦敦参加大会。而恩格斯则作为巴黎组织的代表和沃尔夫一起参加了大会。

大会的主要目的就是制定正义者同盟的章程。根据马克思和恩格斯在会前的提议，大会首先取消了同盟密谋时代遗留下来的一切神秘名称，同盟正式由支部、区部、总区部、中央委员会以及代表大会构成。

同时，正义者同盟也正式改为共产主义者同盟。规定同盟的目的为：推翻资产阶级统治，建立无产阶级统治，消灭旧的以阶级对立为基础的资产阶级社会和建立没有阶级、没有私有制的新社会；消除一切个人迷信的东西。马克思恩格斯认为：在无产阶级的组织里，绝对不允许有这种东西存在。

会议还规定同盟的组织原则为民主集中制，其委员会委员由民主选举产生，并随时可以罢免。大会还接受了马克思和恩格斯提出的新口号——"全世界无产者，联合起来！"，以取代原来正义者联盟的

"人人皆兄弟"的阶级观点模糊的旧口号。

恩格斯还为同盟起草了纲领草案《共产主义信条草案》，对共产主义作了科学的论述，并且参加了同盟新章程的草拟工作。大会决定将章程草案印发给各支部进一步讨论，以便在下一次代表大会上正式通过。

第一次同盟代表大会召开后，马克思和恩格斯为巩固和发展共产主义者同盟做了大量工作。1847年8月初，布鲁塞尔成立了同盟的支部和区部，马克思当选为领导人，恩格斯被选为巴黎区部的领导人。

1847年11月29日，同盟第二次代表大会如期召开。在会议召开前，同盟中央写信请求马克思亲自参加大会，因为一些反对同盟新纲领的宗派主义分子蠢蠢欲动，准备在大会上制造危机。

马克思和恩格斯也认为此次大会至关重要，因此也积极准备参加大会。他们二人分别作为布鲁塞尔区部和巴黎区部的代表共赴伦敦。途中，他们先到比利时会晤，详细地商讨了大会所要解决的各个问题。

此次会议从11月29日一直开到12月8日，会上集中讨论通过了共产主义同盟章程。这个章程要比草案更能体现共产主义的科学精神和革命精神，明确规定了同盟的目的是"推翻资产阶级政权，建立无产阶级统治，消灭旧的以阶级对立为基础的资产阶级社会和建立没有阶级、没有私有制的新社会"，并规定会员必须承认并不厌倦地宣传共产主义，不得参加反共产主义的团体，服从同盟的决议，保守同盟秘密，生活方式也必须符合同盟的目的。

大会还委托马克思和恩格斯为新建立的无产阶级政党起草一个公开发表的纲领，这个纲领就是《共产党宣言》。这样，共产主义者同盟的创建正式完成，并作为第一个无产阶级革命政党登上了历史的舞台。

（三）

　　《共产党宣言》是马克思和恩格斯于1847年底至1848年初写成的，是他们第一次全面地、系统地论述科学社会主义理论的光辉著作，也是国际共产主义运动史上第一个光彩夺目的无产阶级政党的纲领性文献。

　　1848年2月，《共产党宣言》在伦敦利物浦大街46号的"比索普门"印刷厂里印刷完成了，一本23页的小册子于2月24日正式问世，正式宣告了马克思主义的诞生。

　　这本小册子如同一声春雷，唤醒了广大被压迫、被剥削的劳苦大众。它犹如一座灯塔，照亮了各国无产阶级争取解放斗争的航道。《共产党宣言》刚一出版，就立即受到群众的热烈欢迎。仅在1848年就被译成法文、波兰文、意大利文、丹麦文、佛拉芒文和瑞典文，后来还被译成许多国家的文字，在全世界广泛传播。

　　在这本著作中，马克思和恩格斯总结了1848年之前人类社会发展的历史和无产阶级的革命实践经验，并用生动精辟的语言描述了资本主义社会中无产阶级和资产阶级两大基本阶级产生、发展和斗争的过程，阐明了资本主义社会必然灭亡、社会主义社会必然胜利的客观规律。

　　他们认为，从原始公社解体以来，全部历史都是阶级斗争的历史。而阶级斗争是由社会的生产力和生产关系这个基本矛盾决定的。资本主义社会代替封建社会的根本原因，是由于生产力的不断发展，使得封建所有制关系变成了束缚生产力的桎梏。而资产阶级革命打破了这一桎梏，建立了资本主义经济制度。

　　在资产阶级时代有一个特点，那就是它使阶级结构和阶级对立简单化了，"整个社会日益分裂为两大敌对的阵营，分裂为两大相互直接对立的阶级：资产阶级和无产阶级"。资产阶级作为一个新的生产方式的代表，在历史上曾经起过非常重要的作用：推翻了封建社会制度，创造了任何时代都不能比拟的巨大生产力。

但是，资本主义社会也只是历史发展过程中一个特定的阶段。随着生产力的发展，资本主义的生产关系已经无法支配这种生产力，从促进生产力发展变成阻碍生产力的发展，其最明显的表现就是周期性的经济危机的出现。资产阶级无法克服这种危机，因此也必然会走向灭亡。

而执行历史对资本主义这一判决的人就是无产阶级。无产阶级是大工业本身的产物，是社会的最下层，一无所有，但它却能"炸毁构成官方社会的整个上层""摧毁至今保护和保障私有财产的一切"。因为只有这样，无产阶级才能翻身获得解放。它只有解放一切被压迫阶级和全体劳动人民，才能争得自身的解放。

因此，无产阶级才是真正革命的阶级，是资本主义的掘墓人。无产阶级和资产阶级的斗争经历了不同发展阶段，最后"转变为公开的革命，无产阶级用暴力推翻资产阶级而建立自己的统治""资产阶级的灭亡和无产阶级的胜利是同样不可避免的"。

（四）

马克思和恩格斯还在《宣言》中阐明了共产党的性质和任务，指出共产党是无产阶级的一部分，它没有任何同整个无产阶级的利益不同的利益，它将无产阶级中最优秀的分子组织在自己的队伍中，是无产阶级最先进、最有觉悟的部分。

同时，他们还规定了党的最终目的——"使无产阶级形成阶级，推翻资产阶级的统治，由无产阶级夺取政权"。这就是要建立无产阶级专政。

他们还强调指出，取得胜利的无产阶级不仅在物质领域对社会进行革命性的改造，还必须在精神领域对社会进行革命改造。"共产主义革命就是同传统的所有制关系实行最彻底的决裂；毫不奇怪，它在自己的发展进程中要同传统的观念实行最彻底的决裂"。

最后，马克思和恩格斯还以无产阶级革命家的伟大气魄，以铿锵有力的语言向全世界宣告：

"他们的目的只有用暴力推翻全部现存的社会制度才能达到。让统治阶级在共产主义革命面前发抖吧！无产者在这个革命中失去的只是锁链，他们获得的将会是整个世界！"

《共产党宣言》是一部杰出的作品，无论是其精神的战斗性，还是其内容的科学性及文字的艺术性，都是如此。它就像是一轮太阳一般，从欧亚大陆的东方跳出了地平线，使劳动人民从漫长的黑夜中见到了光明，看清了世界的本来面目。于是，国际无产阶级进行革命斗争正式有了行动指南。

当《宣言》刚刚出版时，许多人都不知道它的作者是谁，因为上面并没有署马克思和恩格斯的名字。《宣言》的第一版印刷了两次，开始时只在会员中间销售，后来才渐渐对外销售，而且许多都被寄往运动的其他中心。

《宣言》的销售情况非常火爆，因为在当时，还没有一本书能比它更具有现实意义。到3月3日，就在马克思接到法国的邀请书和比利时的驱逐令那天，《德意志伦敦报》全文转载了《宣言》的第一版，公众由此才真正了解到其中的内容。

为了满足革命的迫切需要，《宣言》的第二版很快就出版了，1000本崭新的《宣言》于3月18日寄出。而正是在这一天，德国米兰和柏林爆发了大规模的革命运动。

这两版《宣言》都没有作者署名。直到1850年，英国宪章派领袖哈尼在为发表在《红色共产党人》周刊的《宣言》英文缩节本写序言时，才指明《共产党宣言》的作者就马克思和恩格斯。而马克思和恩格斯则是在1872年的德文版《宣言》上才真正露出作者身份。

由此可见，《共产党宣言》从一诞生就不只是属于一个人的作品，而是同时属于整个工人阶级的。

这本标志着科学共产主义出生的证明开创了国际共产主义运动的新纪元。从此，"全世界无产者，联合起来！"的战斗口号写上了为之奋斗的旗帜。劳动者作为一个阶级，推翻资产阶级剥削统治的战斗在《宣言》的诞生地终于拉开了血红的序幕。

第九章　投身欧洲大革命

　　那些为共同目标劳动因而使自己变得更加高尚的人，历史
承认他们是伟人；那些为最大多数人们带来幸福的人，经验赞
扬他们为最幸福的人。

——马克思

（一）

　　1848年初，意大利、法国、比利时、德国、匈牙利、罗马尼亚、捷
克和波兰等国家相继爆发了革命。革命爆发的原因是：欧洲大多数国
家还保存着封建专制制度，阻碍了资产阶级的发展，资本主义和封建
专制制度统治之间的矛盾激化。而1845年至1846年欧洲大陆因自然灾
害所造成的农业歉收和1848年的经济危机，更是加速了革命的到来。

　　当时，革命的中心是在法国。法国实行立宪制的奥尔良王朝是金融
贵族的专政，它只代表银行家、交易所大王、铁路大王、矿山和森林
主以及一大部分大土地所有者的利益。由于在选举权方面的高额财产
资格限制，工业资产阶级在议会中只占有少数的席位，广大工农劳动
者、小资产阶级和部分工业资产阶级没有任何选举权。全国的3600万
居民中，仅有20万人有选举权。

　　随着工业革命的发展，工业资产阶级的经济实力不断增强，他们在政治上也逐渐对那些独揽大权的金融权贵感到不满，要求实行选举改革。而小资产阶级在大资本竞争和交易所投机活动的排挤、压迫之下，濒于倾家荡产的境地。

　　在广大农村，除少数富有者外，农民们在高利贷和各种苛捐杂税的压榨下，过着衣不蔽体、食不果腹的生活，大批农民、手工业者和小业主纷纷破产。

　　工人们的生活也日渐艰难，每天要工作10多个小时，所得工资却不能填饱肚子；居住条件也十分恶劣，失业率不断增加。

　　所有的这一切，都将愤懑的矛头指向了奥尔良王朝的统治。1847年，法国爆发了商业危机，物价飞涨，粮食缺乏，企业纷纷倒闭，失业人口剧增。处于饥饿和死亡线上的劳动人民对金融权贵的统治再也忍无可忍了，他们纷纷举行罢工、示威游行和"饥饿暴动"，要求实行普选制和进行一些社会改革，改变他们在政治上的无权地位，小资产阶级希望扭转破产的局面，广大农民希望减轻赋税，反对高利贷剥削。只有无产阶级，立意推翻金融贵族的反动统治，具有彻底的革命精神。

　　1848年2月22日清晨，巴黎街头响起了《马赛曲》和"改革万岁"的口号，就此拉开了欧洲大革命的序幕。

　　第二天，革命群众与反革命军队展开了激烈的巷战。至夜，成千上万的工人和革命群众高举火炬举行了盛大的示威游行，"建立共和"的口号声响彻巴黎大地。24日，法国国王路易·菲利普狼狈地逃往英国，七月王朝被推翻，法兰西共和国临时政府宣告成立。

　　随后，革命火种以一种不可阻挡之势在欧洲其他国家迅速燃起，先是在维也纳，接着是在柏林、匈牙利、捷克、波兰、罗马尼亚等国，民族解放运动陆续展开。

6月，巴黎无产阶级再次发动起义，展开了要求建立"社会民主共和国"的武装斗争，将革命推向了新的高潮。与以往革命不同的是，无产阶级作为一个新型的阶级，已经形成为一支独立的政治力量，登上了广阔的政治舞台。

（二）

法国成立共和国的消息传到布鲁塞尔，马克思感到无比喜悦。在他的努力下，布鲁塞尔民主协会采取了一系列措施，决定尽快将工人和市民武装起来，使各国民主主义者和无产阶级之间统一行动。马克思毫不犹豫地捐出了数千塔勒，这是此前的几个星期他刚刚从父亲那里继承的一笔遗产。尽管这笔钱可以改善他们全家的现状，为孩子们创造一个良好的生活和学习环境，但为了给布鲁塞尔工人购置武器，他果断地捐出了这笔款项。

除了在布鲁塞尔直接参与斗争之外，马克思还时刻关注着革命中心巴黎的动态。1848年2月28日，布鲁塞尔民主协会发出了致法兰西共和国临时政府的贺信。3月1日，法兰西第二共和国临时政府委员费迪南·弗洛孔以法国人民的名义写信给马克思。信中写道：

勇敢而正直的马克思：

法兰西共和国是所有自由之友的避难所。暴政把您放逐，自由的法兰西共和国向您、向所有为神圣事业和各国人民的友好事业而斗争的人们敞开着大门。法国政府的每一个代表都应当以这种精神来理解自己的职责。

此时，马克思也非常想前往革命的中心，因此高兴地接受了法兰西共和国的这一邀请。然而就在傍晚，马克思又收到了比利时警察局限他24小时出境的驱逐令。事情紧急，当夜，共产主义同盟中央委员会在马克思家中开会。会议决定：将中央委员会一起迁往巴黎；布鲁塞尔中央委员会授予盟员马克思在目前独自实现中央对同盟一切事务的领导；布鲁塞尔中央委员会委托马克思：一旦情况许可，要亲自选择人员在巴黎成立新的中央委员会；解散布鲁塞尔中央委员会。

3月5日，马克思全家到达巴黎。在马克思一家动身前往巴黎时，恩格斯还留在布鲁塞尔。他帮忙将马克思的衣服托运到巴黎，并在《北极星报》上发表文章，揭露比利时统治集团对马克思夫妇的迫害。

到达巴黎后，马克思也在《改革报》上发表文章，揭露标榜为"立宪的模范国家"的比利时政府的卑劣行为。恩格斯同时还在布鲁塞尔联合朋友们揭露和抗议警察局迫害马克思的罪行。

鉴于社会舆论的压力，比利时政府被迫耍了一个金蝉脱壳之计：宣布撤销迫害马克思的有关官员的职务，并对肇事者进行惩罚。

马克思在到达巴黎安顿下来之后，第二天就参加了工人运动。他通过共产主义者同盟巴黎支部了解了巴黎工人运动的情况。当时，欧洲许多国家都爆发了革命，流亡到巴黎的西班牙人、意大利人、比利时人、荷兰人、波兰人和德国人都在积极地组织"革命义勇军"，准备回国去解放自己的祖国。德国小资产阶级民主主义者、原《德意志—布鲁塞尔报》编辑波恩施太德和著名诗人海尔维格也组织了德国籍工人的义勇军队伍。

马克思在全面分析了各种情况之后，坚决反对组织义勇军返回祖国的幼稚做法。因为这样浩浩荡荡手无寸铁的队伍一开进自己的祖国，立即就会引起反动军队的注意，用不了多大的力量就能将其全部消灭。这完全是一种冒险的行为。

所以，马克思立即指示共产主义者同盟巴黎支部召开会议，建立成立公开的德国工人团体——"工人俱乐部"，并建议"工人俱乐部"团结德国工人流亡者，向他们说明无产阶级在资产阶级民主革命中的策略，动员工人不要参加义勇军，说明组织义勇军的计划是冒险的行为。

马克思还亲自为"工人俱乐部"起草了章程。许多非共产主义者同盟盟员听完"工人俱乐部"的章程之后，纷纷发表声明加入共产主义者同盟组织。

1848年3月初，共产主义者同盟领导人从伦敦和布鲁塞尔来到巴黎。3月11日，马克思组织了新的中央委员会，并被选为主席。在布鲁塞尔的恩格斯在缺席的情况下，被选为中央委员会委员。

随后，马克思立即写信给恩格斯，希望他马上来到巴黎。3月21日，恩格斯来到巴黎，并立即参加了中央委员会的工作。

（三）

1848年的革命形势如燎原之火。不久，奥地利首都维也纳也发生了大规模的武装起义，人们痛恨的梅特涅政权被打倒了。

接着，德国柏林也爆发了武装起义。尽管国王动用了他的精锐部队，但坚持巷战的工人、手工业者、小市民和学生毫不屈服，最终迫使国王下令将军队撤离柏林。同时，在人民的强烈要求之下，这位曾经不可一世的国王不得不脱帽向巷战中牺牲的烈士鞠躬致敬。

德国革命的胜利让马克思欢欣鼓舞。但他认为，在一部分小资产阶级和工人中，还对资产阶级存在幻想，因此有必要向他们提供一个纲领，让他们明确认识这次革命的任务和目标，时刻保持着清醒的头脑，将革命推向前进。

于是，1848年3月底，马克思和恩格斯针对当时的形势在巴黎起草了《共产党在德国的要求》一文。文中列出了17项要求，这其实就是共产主义者同盟在刚刚开始的德国革命中的政治纲领。

3月30日，《共产党在德国的要求》被印成单行本，与《共产党宣言》一起被分发给回国的同志们。

《共产党在德国的要求》共有17项要求，其主要内容为：

（一）宣布全德国为一个统一的、不可分割的共和国；

（二）人民有选举权和被选举权，发给人民代表薪金；

（三）工人有出席国会的权利；

（四）武装全体人民，使部队既是战斗队伍，又是劳动大军；

（五）免费诉讼；

（六）废除一切封建义务；

（七）领地和封建地产、矿山矿井等都归国家所有；

（八）用最新的科学方法大规模经营农业，农民的抵押地宣布为国家所有；

（九）地租和租金作为赋税上交国家；

（十）成立国家银行，代替私有银行，国家银行发行纸币；

（十一）铁路、运河、轮船、道路、邮局等一切运输工具全部国有化；

（十二）所有官员薪金一律没有差别，只有带家眷的官员薪金可以比其他人高一些；

（十三）政教分离，牧师的薪金由各宗教团体支付；

（十四）限制继承权；

（十五）实行高额累进税，取消消费品牌；

（十六）建立国家工厂，国家保障工人的生活资料，并负责丧失劳动能力的人的生活；

（十七）实行普遍免费教育。

在将大部分共产主义者同盟盟员和德国流亡工人派回祖国之后，马克思和恩格斯也离开了巴黎，起程返回德国直接参加革命运动。在巴黎起草《共产党在德国的要求》时，马克思就产生了回德国创办日报来指导和团结德国无产阶级的计划。

4月初，马克思和恩格斯踏上了德国的大地，并来到了莱茵省的中心城市科伦。这是马克思在5年前创办《莱茵报》的地方。这一次将战场也即办报地点设在这里而不是柏林，马克思也是经过充分考虑的。

科伦是莱茵省的中心。这里经历过法国革命，因《拿破仑法典》的影响而保持有现代法的观念，发展了大规模的大工业。所以，在当时它各方面都是德国最先进的代表，比德国其他地方都有更多的新闻出版自由。

相比之下，柏林的资产阶级刚刚诞生，工人运动发展较慢，小资产阶级虽然口头勇敢，实则行动怯懦，还有大批的官僚、贵族和宫廷奴仆；而且，柏林实行的还是普鲁士邦法，没有新闻出版自由。

基于以上种种考虑，马克思决定在科伦创办一家日报，以加强各地民主运动的联系，及时指导各地的革命活动。

（四）

要在科伦创办一家报纸并不是一件容易的事。当时，科伦的一些民主党人已经准备创办一家报纸，宣传范围仅限于科伦。马克思到达后，重新阐述了他的办报主张，只用了24个小时就争取到了多数支持者，将办报的倡导权夺了过来。

为了筹集办报经费，马克思和他的战友们经研究后决定到各地去招股。到1848年5月20日，办报的经费才筹集到很小的一部分。马克思和恩格斯将自己身边所有的钱财都倾囊献出，但办报的经费还有一半未能弄到。

为了尽快出版，只能因陋就简了。6月1日，《新莱茵报》出版了。可是，这份报纸第一版的革命气势就吓坏了资产阶级股东们。他们纷纷要求退股，马克思只好亲自到柏林去筹措经费。最终，他弄到了2000塔勒，让报纸得以继续出版。

《新莱茵报》是一个大型日报，需要有一个精明能干的编辑部。由于经费紧张，编辑部的人员不能太多。经过研究之后，由5个人组成编辑部，他们是马克思、恩格斯、威·沃尔夫、德朗克和维尔特。其中，马克思为总编辑，恩格斯为副总编辑，威·沃尔夫为编辑部秘书。

在这个编辑部中，马克思起着灵魂的作用。正如恩格斯所说的那样：

"编辑部的制度是马克思一人独裁，必须定时出版的大型日报，如果采取其他制度，就不能保持一种贯彻始终的立场。况且，在这方面马克思的独裁对我们来说是理所当然和毋庸置疑的，我们大家也都乐意接受它。首先是马克思的洞察力和坚定立场，才使得这家日报成为革命年代德国最著名的报纸。"

《新莱茵报》与一切民主派们所创办的报纸有着本质上的区别。它纯粹是无产阶级的报纸，比一切民主派的革命更坚决、更彻底，最终代表的也是无产阶级的利益。因此，报纸从一开始就号召人民毫不犹豫地站起来同封建势力作斗争，告诉人民革命手段只能是暴力的。如果没有暴力，历史上任何革命都不会成功。

《新莱茵报》的选题都是由马克思决定的。他带领编辑部人员将斗争的锋芒直指普鲁士王朝和奥地利王朝的封建贵族势力；动员全国无产阶级和广大人民群众坚决向反动派开展革命斗争；揭露自由资产阶级的妥协叛变行为；教育小资产阶级民主派丢弃幻想，克服动摇，拿起武器积极参加战斗。

《新莱茵报》的锋芒很快就引起了敌人的注意，编辑部随时都有可能被敌人包围和袭击。为了保卫编辑部，马克思和恩格斯等人配置了8条步枪和250发子弹，使在科伦的8000名驻军不敢轻举妄动。

《新莱茵报》还密切地关注着法国的形势。1848年6月，巴黎工人起义反抗资产阶级时，马克思和恩格斯从第一声枪响便坚决地站在起义者的一边。

但是，起义军由于人寡势弱，在浴血奋战了4个昼夜之后失败了，成千上万工人在战斗中牺牲，数以千计的无产者被报复者屠杀，大约2.5万名工人被投入监狱，后来有3500多人被放逐到殖民地。

这种行径彻底暴露了资产阶级"自由、平等、博爱"的真实面目。马克思在《新莱茵报》上无比愤慨地写道：

> 这就是博爱，就是用大号字母写在巴黎的三角墙和每所监狱、营房上面的博爱！用真实的、平铺直叙的话来说，这种博爱就是内战，就是最可怕的国内战争——劳动与资本之间的战争！

《新莱茵报》在敌人的严密注视之下，依然取得了巨大的成功。开始时，它几乎没有任何资金，一半资产阶级股东退出，剩下的一半股东也因为马克思坚决支持巴黎工人的六月起义而全部退出了。7月6日，科伦法院传讯马克思，控告他侮辱国家官吏和警政人员，并搜查了编辑部。

8月初，科伦警察厅又通知马克思，科伦市政当局不承认他是"普鲁士臣民"，妄图再次将他驱逐出境。

9月26日，科伦实行戒严，《新莱茵报》同其他民主派报纸被勒令停刊。此时，报纸差不多已经发行到5000份了。

马克思和战友们为恢复《新莱茵报》而努力，并最终使报纸在10月12日复刊。11月14日，马克思再次被法院传讯。

到1849年2月，普鲁士政府又接连两次控告马克思危害国家。马克思在法庭上义正词严地发言一个多小时，在结论中，他以沉重有力的语调对普鲁士官僚、腐朽的军队以及腐败的法庭和专制制度下产生和培养起来的，并终生为它服务的老法官进行了极其猛烈的攻击。马克思说：

"目前，报刊的首要任务是摧毁现存政治制度的一切基础。"

在马克思的雄辩和群众的威力面前，法庭最终宣告马克思无罪。于是，马克思在群众的一片欢呼声中胜利地离开了法庭。

第十章　流亡伦敦

青春的光辉，理想的钥匙，生命的意义，乃至人类的生存、发展……全包含在这两个字之中——奋斗！只有奋斗，才能治愈过去的创伤；只有奋斗，才是我们民族的希望和光明所在。

——马克思

（一）

1849年春季决战临近的时候，《新莱茵报》的语调一天比一天更加猛烈和热情。每期报纸，每一个号外，都指出一场伟大的战斗正在准备之中，尤其是四五月间出版的号外，都是号召人民准备战斗的。

1849年5月，普鲁士政府相继镇压了德累斯顿、爱北斐特的人民起义后，立即将矛头指向《新莱茵报》。普鲁士政府对马克思下达了限他在5月26日24小时内离开普鲁士的驱逐令。《新莱茵报》的其他主编也都相继收到了驱逐令和通缉令。反动当局终于按捺不住要下手了。

这是一个悲壮的时刻。5月19日，《新莱茵报》在即将迎来一周岁生日之际，使用红色油墨印发了它的最后一期——第301号。从1848年6月1日创刊，到1849年5月19日终刊，《新莱茵报》共出版了301期，马克思和恩格斯在上面发表了350多篇文章。

随后，马克思在处理报纸停刊的善后过程中，再次展现出了崇高的自我牺牲精神。为了补贴报纸停刊后工人和编辑人员的工资，他把从订户处得到的收入和出卖快速印刷机的钱全都发给了工人和编辑。由于钱不够，他还另外从朋友处借了300塔勒，结果使他自己的经济再次陷入困境，以至于燕妮只好将刚刚赎回来的银质餐具再次拿出去典当掉。

在《新莱茵报》最后一期出刊后，马克思便离开了科伦。此后的一段日子，他先后辗转于莱茵河畔的法兰克福、巴登、普法尔茨等德国西南部的一些地区，与恩格斯一起从事革命活动。

6月初，马克思与恩格斯在宾根分手，马克思带着普法尔茨民主派的委托书前往巴黎，争取法国民主派对德国起义的支持；恩格斯回到普法尔茨，在那里加入了共产主义者联盟盟员维利希领导的一支工人志愿部队，并任维利希的副官，亲自参加战斗，直到起义最后失败，于7月12日逃往瑞士。

马克思来到巴黎后，不久又等来了燕妮和3个孩子，此时的燕妮又要分娩了，马克思却两手空空，全家只能靠借债和朋友们的资助维持生活。

7月19日，法国当局又勒令马克思离开巴黎到大西北部的摩尔比安去。这实际上就是一次"变相的谋杀"，因为那里当时正是热病的沼泽地。在马克思拒绝前往后，法国当局再次向马克思发出驱逐令。但由于无法凑足全家的路费和安家费用，马克思只好于8月24日只身前往伦敦。

8月26日，马克思抵达伦敦。这并不是他第一次来到这里，但他却没料到，以后他将在这里度过自己的后半生。从此，英国便成为马克思的第二个故乡，尽管马克思对此并不是十分情愿。

9月中旬，燕妮和琳蘅带着3个孩子也来到伦敦。不久，他们的第四个孩子——儿子亨利希·格维多出生了。但孩子们不知道，等待他们一家人的将是异常艰难的流亡生活。

（二）

就在马克思和恩格斯四处流亡之时，欧洲各国的革命已相继失败。马克思为了能尽快开展工作，在到达伦敦后便立即同流亡而来的亨·鲍威尔、卡·蒲芬德、格·埃卡留斯等人组成同盟的新的中央委员会，以此推动同盟各地支部的恢复工作。

1849年11月，恩格斯也来到伦敦，参加了中央委员会。作为革命家和理论家的马克思和恩格斯在来到伦敦之后，一方面积极参加革命活动，另一方面也开始对革命的经验和教训进行认真的总结。在这一阶段，他们完成了《中央委员会告共产主义者同盟书》《1848年至1850年的法兰西阶级斗争》以及《路易·波拿巴的雾月十八日》等一系列革命论著。

1850年6月，马克思通过对资本主义各国经济形势的研究，认为资本主义目前正处于新的繁荣之中，暂时不会有革命形势，新的革命在新的经济危机之后才有可能爆发，而信贷经济危机和革命的到来是不可避免的。

因此，马克思和恩格斯开始思考从政治斗争退回到书房。同时，这也是在流亡条件下不得不如此做的一条出路。一方面，这种流亡生活缺乏基本的生活来源，连基本的生活都无法维持，马克思的家庭状况严重恶化；而恩格斯在伦敦也找不到依靠写作维持生活的办法。另一方面，流亡生活也让流亡队伍中产生了无休止的争吵，这种争吵使共产主义者联盟陷入危机之中。

马克思就当前的形势对同盟中央的其他领导人进行了说明，想让他们清楚客观形势已经使革命陷入低潮，革命者应耐心地积蓄力量，将主要精力放在研究和宣传科学的理论和培养革命干部上，为将来的革命做好准备。

马克思指出：无产阶级"为改变现存条件和使自己具有进行统治的能力，他们或许不得不再经历15年、20年、50年的内战"。但维利希、沙佩尔等人却狂热地认为，革命很快就要爆发了，并整天讨论马上投入革命的问题。他们不仅认识不到自己的错误和危害，还把马克思和恩格斯的科学预见看成是立场不坚定，甚至说他们是革命的"叛徒"。

内部争吵越来越激烈，中央委员会内部分成了两派。在两派当中，拥护马克思和恩格斯的有6名委员，占据多数，被称为多数派；而支持维利希和沙佩尔的只有两名委员，被称为少数派。

争论在日渐加剧，站在马克思一边的年轻的施拉姆甚至要与维利希决斗。马克思和恩格斯竭力制止，但依然没有成功。决斗在安特维附近进行，结果施拉姆被手枪击中了头部，幸好只是轻伤。在这种情况之下，分裂已经不可避免。

为了使分裂不致导致同盟瓦解，马克思提出了一个方案，即将中央委员会迁往德国科伦，由科伦区部重新建立新的中央委员会；而伦敦的中央委员会则宣布解散，分别由两派建立两个平行区部，都直接受同盟中央领导。经过激烈的争吵，最后会议表决通过了马克思的方案。

9月15日，维利希、沙佩尔组织了宗派主义集团——特殊联盟，德国工人教育协会里怀有"打回祖国去"的思乡情绪的多数成员都参加了这个冒险集团。于是，马克思、恩格斯、鲍威尔、施拉姆、沃尔夫、李卜克内西和埃卡留斯等人退出了协会。

11月中旬，马克思建议中央委员会将分裂主义的头目维利希和沙佩尔等人开除出共产主义者同盟，并通报全盟。

中央委员会迁到科伦后，恩格斯于1850年11月离开伦敦，前往曼彻斯特欧门—恩格斯公司经营商业；而马克思则回到自己的书房，继续进行科学研究和理论著述工作。

（三）

1850年6月，共产主义者同盟的地方组织发展很快，马克思和恩格斯以及他们的战友们在德国建立了18个中心、6个总部。为此，德国反动政府整日惶惶不安。

当时，德国还发生了一件事：国王弗里德里希·威廉四世在柏林被谋刺。枪击国王的是中士军人泽弗洛盖——一个极端的保皇主义者，是"忠实者同盟"第二部分的成员。

在事件发生后，德国反动政府将谋刺国王的案件嫁祸到马克思恩格斯和其他共产主义者同盟的中央委员们身上，并要求英国政府对马克思恩格斯进行政治迫害，企图使英国政府对德国政治流亡者重新实行早已作废的外侨管理法，将他们全部驱逐出英国。

在德国反动政府的怂恿下，英国政府对马克思进行了警察监视，密探一连好几天都守在马克思的门前，每当有人进出都要进行记录登记。

与此同时，《新普鲁士报》还制造了一起极其荒唐的谣言，称马克思曾到德国各地旅行，在柏林住过两个星期。这完全是无稽之谈，马克思自从来到伦敦后，就一直没有离开过。而《新普鲁士报》之所以制造这样的谣言，就是企图将马克思与谋刺国王的案件联系在一起，作为陷害马克思的"证据"。

密探们的监视活动日渐猖獗。他们不但监视马克思的行踪，还监视马克思的朋友们。在这种情况之下，马克思认为必须马上将反动政府的卑劣行为公之于世，以引起社会的注意，让英国和德国反动政府不敢对他们妄加迫害。

于是，马克思分别在英国的《太阳报》《旁观者报》《地球报》和《北极星报》上写了公开信，公开揭露了普鲁士政府的阴谋，抗议英国政府在普鲁士政府的要求下，对伦敦的德国政治流亡者的警察监视和恢复外侨管理法的做法。

在公开信中，马克思还指出，他在8年前曾担任《莱茵报》的编辑，反对普鲁士政府的统治方式。当时，政府官员声称，如果这些先生不喜欢普鲁士的政治制度，完全可以自由离开这个国家。因此，他来到国外是具有充分理由的。而现在，他在国外到处都遭受普鲁士政府对他的迫害，并因此多次被所在国家驱逐出境，甚至现在在伦敦，普鲁士政府也不放过他。

紧接着，马克思又叙述了英国警察监视他的详细情况。最后他说，如果他现在因普鲁士政府的干涉而必须离开在欧洲剩下的英国这个避难所，那么，普鲁士将会认为自己是世界上最强大的国家。

马克思的文章发表后，在社会上引起了强烈的反响和共鸣。此后，密探们不得不有所收敛，英国反动政府也被迫停止了对马克思及其朋友们的阴谋迫害活动。

第十一章　最艰难的日子

生活就像海洋，只有意志坚强的人，才能到达彼岸。

——马克思

（一）

马克思一家在来伦敦之前，就已经饱尝了流亡生活的艰辛。但到了伦敦之后的20年中，他们一家才真正知道动荡贫困的流亡生活的滋味。整个50年代和60年代，是马克思一家生活最为艰难的时期。

在伦敦，一切生活费用都很昂贵，像马克思这样一大家子的生活开支情况更是可想而知。在1849年刚来伦敦时，一家五口挤在切尔西区的安德森街道4号的一个小套间中。这里是上等街区，每月的房租需要6英镑，这在当时是相当高的了。因此很快，马克思就欠了债。在这里住了7个月之后，一家人不得不于1850年4月被迫迁居。

马克思的夫人燕妮在给朋友的一封信中痛苦地描述了当时的悲惨境况：

由于我们的手头没钱……于是来了两个法警，把我不多的全部家当——床铺衣物等——甚至连我那可怜的孩子的摇篮以及眼泪汪汪地站在旁边的女孩们的比较好的玩具都查封了。他们还威胁说，两个钟头后他们会把全部的家当都拿走。那时，忍受着胸口疼痛的我只能同冻得发抖的孩子们睡在光地板上。

在这种紧急的情况下，马克思热心的朋友施拉姆赶往市内来求人帮助马克思。他急匆匆地登上一辆马车，不料马却突然狂奔起来。施拉姆见状，急忙跳下车，结果摔得全身是血，被人送到马克思的家中。马克思夫人和冷得发抖的孩子们又得去照顾施拉姆。

听说马克思家被法警查封了财产之后，马克思家的其他债主都纷纷跑上门来催债。幸好有位朋友帮忙付清了房租，马克思又卖掉了家中的床和其他家具等，偿付了药房、面包铺、牛奶铺的欠款。

第二天，马克思一家不得不离开这个房子，全家搬到了莱斯特广场莱斯特1号德国旅馆的两个小房间里。住在这样差的房子里，每个星期还要不少房租费。

旅馆担心一贫如洗的马克思交不起旅馆费，在马克思一家住了一周后，就拒绝马克思一家人用早餐了。没办法，马克思只好再次从这家旅馆中搬出来，在一个犹太商人开的花边社找到两间小屋子。

这两间房屋十分破烂，一间屋子稍微大一点，另一间小得就像鸽子笼一般。马克思就用这间"鸽子笼"作为厨房、书房和客厅，一家人睡觉就挤在另一间稍大点的屋子里，并在这里度过了一个夏天。

生活的重担压得马克思喘不过气来。但由于冷静、清醒，有着十分强烈的自尊感，马克思以顽强的毅力忍受着别人忍受不住的苦恼和生活上的折磨。他曾心甘情愿地、愉快地帮助过很多人，而当他自己在生活遇到困难时，他对于曾经得到过他的帮助的人的希望只是：希望他们支持他的革命事业。

在任何时候，甚至在别人看来已经陷入绝境的时候，马克思都从不丧失信心。他有抱负、有寄托，勇于克服困难，始终都充满乐观，保持着风趣和幽默。而他的夫人燕妮也始终站在他的身边，在最困难的时候体贴他、支持他，使他不至于被生活的艰难击倒。无论在什么情况下，马克思只要看到夫人和孩子们，就会感到安慰，心情愉快起来。

（二）

当时，马克思除了在《新莱茵报—政治经济评论》杂志发表文章而得到很少的稿酬外，没有其他任何经济收入，一家人的生活状况可想而知。在他的亲戚们中间，能够接济他的人也不多，倒是他的岳母经常帮助他们，但每次的帮助也很有限。

1850年8月，燕妮只身前往荷兰，到马克思的舅父那里去寻求帮助，希望能够为即将出生的第五个孩子做些准备。但马克思的舅父痛恨革命者，拒绝给予他们帮助，燕妮只好沮丧地空手而归。

11月，马克思的儿子亨利希·格维多死于因肺炎引起的抽筋。这是马克思失去的第一个孩子，他非常悲痛。

儿子去世不久，马克思一家又搬到了另外一个住所。在这里，他们的第四个女儿弗兰奇斯卡出生了。但这个可怜的孩子也成了这个家庭困苦的牺牲品，她在第二年得了严重的支气管炎，与死亡搏斗了3天后，还是死去了。

这个可怜的女孩在出生时没有摇篮睡，死后好久都得不到小棺材，失去生命的小尸体只能停放在家里的小房间中。当时，马克思的夫人跑到附近一个不久前曾来拜访过他们的法国流亡者那里求助，在弄到一点钱后，孩子才得以下葬。

两个孩子的先后离世，让马克思深切地体会到了失子之痛，忧愁和痛苦使马克思的头发过早地变白了。对此，他自嘲地说：

"电刷也涂黑不了的头发，因为沉重的心事从来没有这样厉害地使它发白。……我羡慕那些会翻筋头的家伙，这一定是忘却一切不快和日常琐事的上策。"

不仅头发变白了，马克思本来很强壮的身体也开始出现问题。1852年1月，当马克思正写《路易·波拿巴的雾月十八日》时，就曾卧病一段时间。后来，他的肝炎更是令一家人产生了很大的恐慌。此后，这种病还经常发作，极大地影响了马克思的健康与工作。

在1851年12月到1852年3月这段时间，马克思写了《路易·波拿巴的雾月十八日》一书。这本书分析了法国在1848年二月革命之后，法国政治发展的进程和内在联系，对1851年12月2日路易·波拿巴所举行的政变——废除共和、改称帝制、自封为皇帝的实质作了深刻的分析，提出了无产阶级革命必须摧毁资产阶级国家机器的理论。

恩格斯称马克思的这部著作为"一部天才的著作"。德国革命家威廉·李卜克内西也评价说：

"《路易·波拿巴的雾月十八日》的语言就是箭和投枪，它的风格就是烙印与格杀。如果憎恨、轻蔑、对自由的热爱曾经在什么地方用燃烧、破坏和激昂的语句表达过，那就是在《路易·波拿巴的雾月十八日》这本书里。"

通过总结1848年革命的经验教训，马克思不仅为未来的革命提供了借鉴，还极大地丰富了历史唯物主义和科学社会主义理论。

然而，当马克思将这部作品寄给他在美国的朋友魏德迈所创办的《革命》杂志后，不久便收到了从美国的来信。魏德迈告诉马克思，他的著作《路易·波拿巴的雾月十八日》不能出版，在美国的一切希望似乎全部破灭了。对此，马克思说：

"虽然我是一个坚强的人，但这种混账事情这一次却沉重地打击了我。"

（三）

1852年秋，马克思写信告诉恩格斯说，他们一家又陷入了困境：

我的妻子生病了，小燕妮也生病了，琳蘅患上了一种神经热。医生，我过去不能请，现在也不能请，因为我没有买药的钱。这10多天以来，家里能吃的只有土豆和面包；而今天能否弄到这些，都是个问题。在现在的气候条件下，这样的饮食自然是没什么益处。

……最好和最理想的是能够发生这样的事：女房东把我们从房子里赶走。那样的话，我至少可以免付一笔22英镑的款子。但是，未必能指望我可以得到这样大的恩典。

此外，我还欠着面包铺老板、牛奶商、茶叶商、蔬菜商的旧账。怎样才能还清所有的这些鬼账呢？……我的家变成了一个诊疗所，而危机是这样尖锐，迫使我不得不将我的全部注意力都集中在这上面。

……当我看到我的妻子十分痛苦，而又意识到自己无能为力的时候，我情愿把自己的灵魂预售给魔鬼。

两个孩子的相继夭折已经让马克思夫妇万分痛苦了，而这种痛苦在接下来的日子里不仅没有丝毫的减轻，还因为他们9岁的大儿子埃德加尔的死而达到顶点。

埃德加尔是全家人最宠爱的孩子。他性格温和，活泼聪明，给困境中的家庭带来了快乐。令人心酸的是，这个在穷人家长大的孩子很早就懂得为父母分忧解难，甚至要与那些债主作斗争。

1855年4月的一天，这个可怜的孩子死在了马克思的怀里。母亲俯在死去的孩子身上放声哭泣，琳蘅也站在一旁呜咽。非常激动的马克思断然拒绝任何安慰，两个女孩低声地依偎在母亲身边。悲哀万分的母亲疼挛地拥抱着两个女儿，好像生怕她们再一次被死神夺走一般。

为了减轻这种不幸给一家人带来的痛苦，马克思带着一家人到曼彻斯特的恩格斯那里住了一段时间。

在生活最艰难痛苦的时期，马克思一边同贫困作斗争，一边仍然顽强地进行着科学理论的研究。然而，贫困时刻都在困扰着他，他没钱吃饭，没钱买药，没钱订报纸，没钱购买他认为从事研究工作所必须阅读的价值仅9先令6便士的书籍。

在最难堪的日子里，马克思因为自己唯一的一件大衣被当掉而无法出门。有时，由于家里值钱的东西，包括燕妮的衣服、披肩等，都被送进当铺，一家人穿得破烂不堪。

被逼无奈，马克思经常想方设法躲债。有时候债主找上门，马克思不得不躲起来，由燕妮出面称马克思正在外面筹款。有一次，马克思为了躲避家庭医生的讨债，全家人不得不跑到一个朋友家里住了10个星期。

贫穷，令马克思连邮寄自己手稿的钱都没有。当《政治经济学批判》的第一分册脱稿后，因为付不起由伦敦寄往柏林的手稿的邮费，马克思只好等待恩格斯的汇款到了，才把手稿寄出付印。

在痛苦之余，马克思写下了这样一段看似幽默、实则令人感到悲凉的话：

> 倒霉的手稿写完了，但不能寄走，因为我的身边一分钱也没有，付不起邮资和保险金……未必有人会在这样缺货币的情况下，来写关于"货币"的文章！写出这个问题的大多数作者，同自己研究的对象有着最好的关系。

到1856年时，燕妮得到了母亲的一笔遗产，这让全家的生活得到了一些改善。一家人终于搬出已经住了6年的迪恩街，迁居到哈弗斯托克小山梅特兰公园格拉夫顿坊9号，全家的困顿生活也开始有所缓解。

然而，这种改善却在无意中成为马克思一家重新陷入更加贫困泥沼的起因，因为这里的房租更贵，一家人的生活开支也更大了。而此时，《论坛报》也因为经济危机开始与马克思为难。虽然马克思按规定每周会给他们写两篇文章，但报纸却常常不发表，让马克思的稿费收入大为减少。

为此，马克思愤懑地写道：

> 一个人不得不把能同这类小报为伍视为幸福，这实在令人作呕。就像习艺所的赤贫者一样，把骨头捣碎，磨成粉，再煮成汤，——这就是一个人在这种企业里完全注定要做的政治工作。我简直就是一头蠢驴，不仅最近，而且多年来，为了几个钱而给这些家伙拿出来的东西太多了！

在这种窘境中，1857年初，燕妮又生下了一个孩子。但不幸的是，孩子刚刚出生几天也夭折了。

（四）

长期贫困而动荡的生活也击倒了坚强的燕妮。1860年11月的一天，燕妮在强打精神为丈夫抄完最后一页手稿后，再也坚持不住了。她患上了天花，整夜失眠，脸上疼痛得就像火烧一般。

此时自身也正在患病的马克思只好停下手中的研究工作，冒着被传染的危险守护在燕妮身边，极其细心地照顾妻子，让燕妮最终战胜了病魔。

可是，40多天照料妻子和孩子的辛劳和心灵上遭受的惊恐、忧虑和悲伤，再一次损害了马克思的健康。马克思的慢性肝炎转成了急性，他不得不整整卧床一个月休养身体。

即便是在这样艰难的困境之下，马克思依然以异常顽强的精神和毅力同病魔斗争。只要他的身体稍微有些好转，他就会马上投入到工作当中。1863年7月6日，燕妮在写给朋友的信中说：

"这个春天，我亲爱的卡尔被肝病折磨得很痛苦。尽管受到这种种阻碍，但他的书很快就会写完。"

然而就在这一年的年底，马克思的痈病又发作了。这个病持续几年地时常发作，长时间折磨着马克思。在给朋友的信中，马克思详细地描述了他被疾病折磨所遭受的痛苦和他与疾病所作的顽强的抗争：

这一次我差点送了命，家人都不知道我这次的病有多么严重。如果这东西再以同样的形式重复三四次，那我就没命了。

我现在非常消瘦，并且极度虚弱。虚弱的不是头部，而是腰部和腿部。医生说得很正确：此病发作的主要原因是过度的夜间工作。但是，我不能把迫使我这样过度工作的种种原因告诉那些先生们，而且这样做也毫无意义。现在，我的身上还长着各种各样的小疮，很痛，但已经不再有什么危险了。

　　这一次，马克思卧床两个多月，但白天哪怕只有短暂的时间，他也继续躺着工作。恩格斯十分关注马克思的病情，不止一次地写信劝马克思注意休息，放弃夜间工作，过有规律的生活。恩格斯还在曼彻斯特为马克思找了一位擅长治疗痈病的医生，动员马克思到曼彻斯特治疗。但为了不影响工作，马克思谢绝了恩格斯的建议，只希望恩格斯能帮他把药方和服用方法寄过来。

　　流亡期间的贫苦生活没有让马克思放弃自己的目标，也没有丧失生活的信心。他始终坚强地抵抗着苦难的打击，并体贴和鼓励着燕妮和孩子们。而燕妮也始终极力地为马克思分担忧愁。她会去小店里赊购食物，同房东和债主们周旋，去典当铺当衣物，写信给朋友们求援。为了尽可能地使马克思少一点烦恼，多些时间安心工作，她承担了无尽的忧愁。

　　在这样的生活中，燕妮也磨炼得很坚强。只要有丈夫在身边，她就会觉得自己是少数幸福者中的一个。她不仅仅是一个家庭主妇，还是马克思科学研究和政治活动中不可或缺的得力助手。

　　就这样，马克思一家顽强地生活着。马克思想尽快完成他的经济学巨著，以便给资本主义制度一个沉重的打击。

马克思有一段时间吸烟很厉害，经常烟不离口。他曾对女婿拉法格说："《资本论》的稿酬甚至不够付我吸的雪茄烟钱。"由于经济条件不宽裕，马克思总是抽比较便宜的雪茄。他吸烟还有个习惯，就是常常将一半烟放在嘴里咀嚼，说这样可以提高烟的作用。由于大量吸烟，他的身体受到了极大的伤害。后来家庭医生不得不采取行动，严格限制了他的吸烟量。

第十二章　《资本论》问世

　　　　人的生活离不开友谊，但要得到真正的友谊才是不容易；
友谊总需要忠诚去播种，用热情去灌溉，用原则去培养，用谅
解去护理。

——马克思

（一）

　　在伦敦流亡期间，马克思又重新开始了在革命期间一度中断了的政
治经济学研究。对于研究这种理论，伦敦的条件是很有利的。因为英
国是当时资本主义世界的中心，而且伦敦的图书馆又是世界上最大的
图书馆之一，有非常丰富的经济学文献和材料。

　　大约在1850年6月中旬，马克思通过关系弄到了一张大英博物馆图
书馆的阅览证。从此，马克思每天都要在图书馆研究政治经济学理论
达10个小时，早晨9点准时到达，一直到晚上7点以后才离开，晚上回
家后还要工作几个小时。

　　人们通常会认为政治经济学只是一门普通的社会科学，但事实上，
看似简单的政治经济学中，包含了许多的科学理论基础，范围极其广

泛。马克思以一种极大的兴趣和强烈的革命事业心，以他敏锐、超群的才能，研究了政治经济学中的各种问题。

从1850年到1853年8月间，马克思从资产阶级经济学家的著作、官方文件和各种期刊中摘录了大量资料，写满了24个笔记本。这些艰苦而枯燥的工作，马克思认为是必不可少的。

1857年，资本主义世界爆发了经济危机，马克思预感到这将是形势变化的一个征兆，它将使工人运动出现高涨，革命风暴不断逼近。

为了赶在风暴之前完成自己的理论研究，从而为工人阶级的革命运动指明方向，马克思"发狂似地"通宵总结自己的经济学研究理论。一方面，他加紧了政治经济学原理的制定，同时还研究了当前的经济危机，分别为英、德、法三国备了三个笔记本，分别记录三个国家的危机的资料，并准备在1858年春与恩格斯一起写一本关于经济危机的小册子。这双重的工作令马克思经常工作到凌晨4点钟。

1857年至1858年，马克思完成了一部篇幅巨大的经济学手稿，总结了他的经济学研究成果，制定了无产阶级政治经济学原理。

在这个手稿当中，马克思第一次制定了剩余价值理论，完成了他的第二个伟大发现，这可以说是马克思主义思想史上的一个重要特点。

尤其值得注意的是，在这部手稿中有一个是马克思为将来发表自己的论著而起草的总导言，即《〈政治经济学批判〉导言》。其中，马克思对自己的经济学原理进行了概括，详细地叙述了自己政治经济学的对象和方法的思想，从而一开始就将自己的经济学原理同其他经济学家的理论相区分开来。

马克思认为，自己所研究的主题主要是资本主义生产，与资本主义的分配、交换和消费处于密切的联系之中，并对它们起着决定性的作用。而对资本主义的生产、分配、交换和消费进行辨证的研究，就必须运用"科学上正确的方法",即从现实的具体到理论抽象,再从理论抽象上升到理论具体的方法。

当然,这个导言马克思没有完全写完,因为后来他觉得在导言里预先说出自己即将论述的东西是不利的。

在这部巨著的基础之上,马克思才正式开始写作自己早已设想好的《政治经济学批判》。在这部著作中,马克思第一次系统地论述了马克思主义政治经济学关于商品、劳动、价值和货币的原理,揭露了劳动的二重性及货币的本质和职能,为剩余价值理论的创立奠定了基础。后来,马克思还在他的《资本论》第一卷中发挥了这些原理。可以说,他是将《政治经济学批判》作为《资本论》的初稿的。

经过3个半月的艰苦努力,马克思终于完成了《政治经济学批判》的初稿,并打算将其分成6册出版。

1859年1月,马克思将这部书的第一分册手稿寄给了出版商,并于同年6月出版。

(二)

《政治经济学批判》的第一分册除了序言之外,包括《商品》和《货币或简单流通》两章。

在《商品》这一章当中,马克思集中阐述了作为使用价值和交换价值相统一的商品的二重性,以及作为具体劳动和抽象劳动相统一的劳动的二重性学说,这也是马克思之前的那些经济学家未曾提出来的。

在《货币或简单流通》一章中,马克思对货币和货币流通理论进行了内容丰富而系统的论述,确定了货币的必要流通量的规律以及货币流通的其他一些基本规律。

《政治经济学批判》的第一分册第一次阐述了马克思主义的价值理论。可以说，它是马克思经济学说的基础。同时，这部著作的序言也有着巨大的理论意义和独立的科学价值。在序言当中，马克思对他所发现的唯物主义历史观作出了全面而完整的表述。

无论是马克思的《〈政治经济学批判〉导言》中关于经济学研究的从抽象到具体的方法的阐述，还是其中关于唯物史观的阐述，都突出地反映了马克思经济学说的鲜明特点，那就是：与哲学结合并以哲学为指导。

将哲学运用到经济学研究中并不是一件容易的事，首先必须有正确的哲学观点和方法，其次要反对把不正确的哲学观念硬套在经济学上。在这方面，马克思做得很到位，他以唯物的辩证法和历史观为基础和指导来研究经济学，因此也能取得明显的成就。

在《政治经济学批判》的第一分册付印后，马克思按原计划立即开始第二分册的写作准备工作。于是，他再次长时间地到大不列颠博物馆的阅览室中查阅资料，并再一次阅读了恩格斯的《英国工人阶级状况》和1855年至1859年英国工厂视察员的报告。

1863年，马克思完成了《1861—1863年经济学手稿》的写作工作。这部手稿篇幅也十分巨大，约有200个印张，写在23个笔记本上。

在这部手稿中，马克思对资本生产总的问题中最重要的问题进行了详细的论述，从而反映出未来《资本论》第一卷的概貌。此外，手稿还阐述了属于未来《资本论》第二卷、第三卷中的一些题目。

在付印前，马克思又对手稿进行了润色，并再次深入地研究了技术史和生产工艺史、工业革命的性质和特点及其对工人阶级状况和斗争的影响，进而对手稿的内容又进行了认真的推敲。

在写作这部手稿的过程中，马克思对他的著作也有了新的全盘考虑，最后决定用《资本论》这个更响亮的名字作为书名，而将"政治经济学批判"作为副标题。

后来，在继续扩充这个手稿的过程中，马克思又正式确定将《资本论》写成4卷，其中，第一卷为资本的生产过程，第二卷是资本的流通过程，第三卷是总过程的各种形式，第四卷是理论史。因此，以后的《资本论》就是在这个巨大手稿的基础之上逐渐整理完成的。

（三）

为了写作《资本论》的第一卷中关于英国劳工法的20多页文章，马克思曾将整个大不列颠博物馆阅览室中载有英国与苏格兰调查委员会和工厂视察员报告的蓝皮书全部从头到尾仔细研究过。为了写《资本论》的第二卷中有关"生产时间"的10页内容，他引用了5个国家10多个方面的技术资料。

据统计，马克思为写作《资本论》，读过和作过的笔记、摘录的书等达1500多种，写下的手稿和札记达100多本。

马克思在写作时，绝不会坐在家中闭门造车，而是十分重视理论与实践的密切结合，时刻关注着资本主义社会的发展动态。正如他自己所说的那样：

"……随着加利福尼亚和澳大利亚金矿的发现，资产阶级社会似乎踏入了新的发展阶段，这一切决定我再从头开始，用一种批判的精神来透彻地研究新的材料。这些研究一部分自然要涉及似乎完全属于本题之外的学科，在这方面不得不多少费一些时间。"

1868年，马克思为了深入地研究各国的土地关系和资本主义经济学中的新现象，特意写信给德国和美国工人运动活动家齐·迈耶尔，请他经常给自己寄一些美国的报纸过来。

为了研究俄国恩·弗列罗夫斯基的《俄国工人阶级的状况》一书，1869年底，年过半百的马克思开始学习俄语，并且学得十分刻苦。

在掌握了俄语后，马克思便开始对俄国土地关系和社会政治发展状况进行系统的研究。他的俄国朋友丹尼尔逊等人在10多年间从彼得堡将整箱的俄文书寄到伦敦，马克思读完后，再寄回彼得堡。

恩格斯在谈到马克思那种极其严谨认真的科学态度时，曾感慨地说：

"他的这种极其严肃认真的态度，使他在自己对自己的结论在形式和内容上尚未满意之前，在自己尚未确信已经没有一本书他未曾读过，没有一个反对意见未被他考虑过，每一个问题他在完全解释清楚之前，都决不以系统的形式发表自己的观点。"

《资本论》的初稿完成后，马克思又对其进行了多次加工润色。即便是这样，他也没有马上将3卷全部拿去付印，只在1867年出版了第一卷。

此后，马克思继续注意研究资本主义社会各种经济现象的发展过程，尤其是在1873年爆发的经济危机等，用以来检验自己的研究理论。他在给朋友的一封信中说，在英国目前的工业危机还未曾达到顶峰之前，他绝对不会出版第二卷。

后来，当恩格斯帮助马克思整理《资本论》的第二卷和第三卷时，不禁惊叹于马克思有这么巨大的发现，却将其在身边搁置了20年之久而未出版。对此，恩格斯异常钦佩地说：

"马克思在公布他的经济学方面的伟大发现之前，是以多么无比认真的态度，以多么严格的自我批评精神，力求使这些伟大发现达到最完善的程度啊！"

对于写作《资本论》这一创举，马克思自己也说：

"我不能下决定在一个完善的东西还没有摆在我的面前时，就送出任何的一部分。不论我的著作有什么缺点，它们都有一个长处，那就是它们是一个艺术整体。但要达到这一点，只有用我的方法，在它们还没有完整地摆在我的面前时，不能拿去付印。"

马克思一生读书丰富，阅读兴趣也非常广泛，除了研究哲学、政治、经济、历史、法律等社会科学外，还研究数学、物理学、化学、生物学、解剖学、农学、农业化学、实用工艺学、实用经济学等。动能公式就是由马克思最终确定的。有个图书馆管理人员曾问他："博士先生，一个人可以同时研究50种科学吗？我们的教授通常只能攻读一种专业。"马克思回答说："亲爱的朋友，所以也有很多教授戴着遮眼罩呀！如果要认识世界和改造世界，人们就不要只在一块草原上去赏花。"

第十三章 第一国际的灵魂

任何时候，我也不会满足，越是多读书，就越是深刻地感到不满足，越感到自己知识的贫乏。

——马克思

（一）

随着工人运动的发展，马克思恩格斯的革命学说得到了广泛的传播，德国、法国、英国、美国等许多国家的人都知道马克思恩格斯是工人运动最著名的理论家。但是，由于马克思恩格斯身处异国，他们的社会活动受到种种限制。而且，当时的工人运动还处于发展阶段，各种非无产阶级的社会主义流派自然也在各国工人中流传。

在法国，普鲁东主义在工人中影响较深；在德国，拉萨尔通过他建立的全德国工人联合会传播他的机会主义观点，主张通过普选权和国家的帮助，建立生产协作社会，争取自身的社会解放，这其实是法国基督教社会主义思想家毕舍和小资产阶级社会主义路易·博朗等人在40年代就已宣传过的思想；在英国，工联主义对工人有着较大的影响；在比利时、西班牙和瑞士等国家的罗曼语系工人中，巴枯宁主义的影响也比较大。

所有的这一切，都说明马克思恩格斯的学说当时在欧洲工人运动中间还未能占据统治地位。

随着工人运动的发展，各国工人运动逐渐联合起来。1863年7月22日，英国工人为了抗议俄国镇压波兰起义，在伦敦举行了浩大的声援大会，法国工人代表参加了此次大会。会后，英国工人提出召开由法、德、英、美、波等国工人组织参加的大会，讨论联合的问题，得到了工人们的热烈响应。于是，英法工人组织了一个大会筹备委员会，并派专人邀请马克思作为德国工人的代表。

马克思估计到了此次大会的重要性，决定打破10多年来一直拒绝这类邀请的惯例，同意参加这次大会，并推荐埃卡留斯在大会上发言。

1864年9月28日，由英、法、德、意等国工人参加的国际工人大会在伦敦的圣马丁礼堂举行。英国工人联合会主席奥哲尔、英国水泥工书记克里默主持了大会。会上宣读了英国工人致法国工人的《呼吁书》和法国工人对呼吁书的答复。埃卡留斯代表德国工人发表了演说，马克思则"在讲台上扮演哑角加以协调"。

大会决定成立"国际工人协会"，并选举了包括马克思在内的领导委员会，奥哲尔为主席，克里默为书记，埃卡留斯为副主席。后来，领导委员会又改为中央委员会，最后又改为总委员会。

委员会第一次会议选出了一个小委员会，负责起草宣言和临时章程。马克思被选入这个小委员会。小委员会的成员还有奥哲尔、克里默、维斯顿、鲁·沃尔夫以及吕贝等人。

小委员会在起草国际工人协会章程和纲领时，马克思因病未能参加，由鲁·沃尔夫起草了章程。这个章程规定国际工人协会的活动只限于争取改善工人的经济地位。

鲁·沃尔夫将稿子交给临时委员会之后，便离开伦敦去了那不勒斯，随后由维斯顿负责起草了一份内容混乱、文字冗长的纲领，临时委员会感到不满意，于是授权小委员会负责修改。

吕贝又负责修改了鲁·沃尔夫起草的章程，草拟了"原则宣言"。小委员会讨论并通过了吕贝的草案，并将其提交临时委员会讨论通过。

随后，埃卡留斯将这件事通知了马克思，并请他务必参加此次会议。马克思在听了吕贝的"原则宣言"后，非常不满意，因为宣言空话连篇，没有任何实际有用的东西。经过讨论，小委员会决定将文件留下，等候马克思修改。

马克思经过思考后，草拟了《国际工人协会成立宣言》，代替了"原则宣言"，将原来的40条章程草案用10条章程代替。小委员会和临时委员会一致通过了马克思起草的《国际工人协会成立宣言》和《协会临时章程》，并决定以单行本印发这两份文件。这意味着，马克思的思想已经成为第一国际的指导思想。

（二）

在《临时章程》中，马克思简明扼要地说明了国际工人协会的目标和基本组织原则。他指出：协会的任务是团结各国的工人群众，为完全解放工人阶级、消灭一切阶级压迫而斗争。

章程规定，协会的主要目的是要成为追求共同目标，即追求工人阶级的保护、发展和彻底解放的各国工人团体进行联络和合作的中心。协会每年召开代表大会，并选举总委员会。

总委员会是沟通协会各国的全国性或地方性组织之间联系的国际机关，应主动向各国的全国性或地方性团体提出建议，每个支部均有权任命一名与总委员会通讯的书记。国际协会的每位会员在由一个国家迁居另一个国家时，应从加入协会的工人方面得到兄弟般的友好帮助。

马克思还强调了协会的总原则，那就是：工人阶级的解放只能由工人阶级自己去争取。工人阶级的解放斗争不是要争取阶级特权和垄断权，而是要争取平等的权利和义务，消灭任何阶级统治。工人阶级的经济解放是一个伟大的目标，一切政治运动都应该作为手段服从这个目标。

《国际协会成立宣言》则以通俗易懂的文字阐述了《共产党宣言》的基本思想。在这份文件当中，马克思透彻地分析了1848年革命以来世界经济发展的形势和无产阶级的悲惨命运。他指出，工人群众的贫困在1848年到1864年间没有任何减轻，但这个时期就工业的发展和贸易的增长来说却是史无前例的。不论是机器的改良，科学在生产上的应用，交通工具的改良，新殖民地的开辟，自由贸易……或者这所有的一切加在一起，都不能抵消劳动群众的贫困。

马克思还指出，雇佣劳动只是一种暂时的和低级的形式，注定要让位于带着兴奋自愿心情进行的联合劳动。但是，在资本主义的条件下，土地巨头和资本巨头总是要利用他们的政治特权来维护他们的统治。因此，"夺取政权已经成为工人阶级的伟大使命"，无产阶级要通过推翻资本主义制度来实现工人阶级的彻底解放。

马克思还充分说明了各国工人兄弟团结的意义，指出：

"忽视在各国工人之间应当存在的兄弟团结，忽视那应该鼓励他们在解放斗争中坚定地并肩作战的兄弟团结，就会使他们受到惩罚，——使他们分散的努力遭到共同的失败。"

在强调这一点时，马克思同时强调了科学的理论指导对这个联合的意义，"工人们所具备的一个成功的因素，就是人数众多；但只有当群众组织起来，并为知识所指导时，人数才能起到决定胜负的作用"。

　　马克思在第一国际的创始方面起到了重要的作用。国际工人协会的产生并不是一个"伟大头脑的发明"，但在协会产生时有一个伟大的头脑给它指出了正确的道路，使它免于长期地彷徨歧途。可以说，这是第一国际的幸运。

（三）

　　第一国际成立以后，积极开展各项活动，为联合和促进各国工人的运动作出了大量的贡献。

　　首先，国际工人协会积极支援欧洲各国工人的罢工斗争。1865年，德国莱比锡印刷工人为争取提高工资而罢工。他们写信给马克思，希望能够得到英国排字工人的援助。马克思立即积极活动，让德国印刷工人不但获得了英国工人的支持，还得到了其他国家工人的支持。

　　1866年春，英国伦敦等地的裁缝工人为提高工资和反抗虐待而罢工，雇主以宣布同盟歇业相威胁，并先后到比利时、法国、瑞士、苏格兰和德国等地招募裁缝。在这种情况下，国际同盟积极揭露雇主的阴谋，在各国报刊上告诫工人们不要上雇主的当，并派人去德国说服工人们拒绝雇主的招募，结果英国雇主阴谋失败，罢工取得胜利。这就令工人对国际团结的重要性有了进一步的认识，也令第一国际在各国工人中间提高了威望。

　　其次，国际工人协会积极支持英国的改革运动。在19世纪60年代中后期，英国开展了改革选举法的群众性运动，马克思主张支持这一发动群众、争取人民政治权利的民主运动。1865年3月，领导工人运动的改革同盟成立，马克思通过厄·琼斯对它施加了自己的影响，使运动不为资产阶级分子所左右。

对此，马克思写信给恩格斯说：

> 我们创立的改革同盟，……举行了非常成功的群众大会，这是寄居伦敦以来举行过的所有群众大会中规模最大和工人最多的一次。居于领导地位的是我们委员会的人，他们按照我们的精神发表了演说。

在群众运动的强大压力之下，英国政府被迫通过了选举改革法案。

第一国际还积极声援被压迫民族的解放斗争，主要是支持波兰和爱尔兰人民争取独立的斗争。马克思认为，"完整而独立的波兰是民主欧洲存在的必要条件"，因此他与总委员会的大多数委员反对资产阶级代表和法国普鲁东分子反对将波兰问题列入国际议题的叫嚷，让代表大会仍然做出了必须恢复波兰独立的决议。

1867年，爱尔兰人民为争取独立举行了三月起义。起义失败后，大批起义者被逮捕，其中包括从事爱尔兰民族解放运动的芬尼亚社会成员。马克思闻讯后，尽管反对芬尼亚社的密谋策略，但依然坚决维护被残酷迫害的芬尼亚社社员。他揭露了英国统治阶级对爱尔兰人民的迫害，认为英国统治阶级经济实力的一个重要基石就是对爱尔兰的殖民剥削，因此第一国际的主要任务就是通过在爱尔兰对英国进行打击来促进英国的社会革命。

在对各国工人运动的一系列援助中，第一国际在联合和领导各国工人进行斗争并参与国际政治事务方面的作用不断扩大，在各国工人中的威望也不断提升。这也引起了各国统治者的恐慌，一些人甚至将第一国际称为"第七强国"。

在这个过程中，工人阶级也渐渐认识到在第一国际总委员会中的那个"伟大头脑"的作用。在国际工人协会中，马克思只是总委员会及其小委员会的一般委员，德国和俄国的通讯书记，并没有担任第一国际的主席或总书记等职务，然而事实上，马克思却是第一国际的实际首脑，是第一国际的"灵魂人物"。

<h1 style="text-align:center">（四）</h1>

多年来，由于受普鲁士反动政府的迫害，马克思不得不放弃自己的国籍，但他始终都在关注着自己的故乡。根据第一国际章程中关于"总委员会从其委员会中选出为进行各种事务所必需的负责人员，即财务委员、总书记、各国通讯书记等"的规定，马克思担任了德国通讯书记的职务。

当时，德国工人中具有广泛影响的全德工人联合会由拉萨尔派控制。拉萨尔曾是马克思和恩格斯的学生，他在马克思的影响之下成长起来，并自称是马克思的学生，而且一度为马克思出版《政治经济学批判》第一分册出过力。

但是，拉萨尔最终还是辜负了马克思的期望，他并没有成为马克思忠实的学生，他的思想中有许多混乱和完全错误的东西。

1863年，全德工人联合会在莱比锡成立，拉萨尔任主席。在拉萨尔的影响下，全德工人联合会渐渐陷入机会主义的泥潭，在政治上走上了争取普选权之路，在经济上把建立由国家资助的生产合作社作为解决资本主义社会矛盾的基本手段。

1864年8月，拉萨尔去世，工人们一度请求马克思担任全德工人联合会的主席，但马克思拒绝了。关于德国工人运动新的领导者的人选，也征求过马克思的意见。马克思虽然对当时的两个人选不满意，认为他们都不能领导规模稍微大一点的运动，但还是抱着一丝希望，认为"到了决定性时刻，也必定会找到所需要的人才"。

然而，拉萨尔的继任者伯恩哈特·贝克尔担任全德工人联合会主席后，继续执行拉萨尔的宗派主义路线，拒绝加入国际工人协会。在这种情况下，马克思不但没有气馁，还抓住一切机会开展工作。

为在德国加强对第一国际思想的宣传，马克思和恩格斯接受了全德工人联合会机关报《社会民主党人报》的编辑施维泽的邀请，为《社会民主党人报》撰稿。随后，马克思将《国际工人协会成立宣言》的德文本寄给《社会民主党人报》，在报上发表了这一宣言。

但是，施维泽也是拉萨尔的忠实信徒。拉萨尔去世后，他不顾马克思的劝告，继续在《社会民主党人报》上制造对拉萨尔的偶像崇拜，甚至露骨地刊载支持俾斯麦的文章。在这种情况下，马克思和恩格斯宣布与《社会民主党人报》决裂。他在写给恩格斯的信中披露了自己当时的立场，称不希望别人利用他们的名气去蒙蔽工人，或者让他们成为任何愚蠢言行的工具。

马克思和恩格斯同《社会民主党人报》的决裂得到了德国先进工人的支持。曾担任《社会民主党人报》兼职编辑的马克思的学生李卜克内西随后也宣布退出该报。

但马克思一直为加强第一国际同德国工人阶级的联系进行着努力。

不久，马克思的努力有了效果。1865年至1866年冬，第一国际在德国的支部开始在一些城市相继建立，其建立者首先是一些反对拉萨尔主张的全德工人联合会会员。与此同时，原来由自由派创建的德意志工人教育协会联合会也逐渐向第一国际靠拢。

1865年7月，在奥古斯特·倍倍尔的不懈努力下，萨克森的29个工人协会合并，成立德国工人协会联合会。

8月，倍倍尔与李卜克内西相识，并在李卜克内西的帮助下开始学习马克思的科学理论，此后两人开始密切合作。在北德意志联邦国会选举中，李卜克内西和倍倍尔同时被选入国会。从此，德国工人阶级在议会的讲台上有了自己的发言人。

第一国际和马克思本人对德国工人阶级的影响日益扩大，迫使施维泽再次向马克思靠拢。他在《社会民主党人报》上发表了评论《资本论》的文章。1868年7月，施维泽又代表全德工人联合会理事会向马克思发出邀请，希望马克思能以贵宾的身份出席在汉堡召开的全德工人联合会代表大会，但马克思婉言拒绝了。

在全德工人联合会代表大会上，会议在原则上承认了各国工人共同运动的必要性。但是，拉萨尔派的领导人继续在会议上阻挠联合会加入第一国际。几个月后，又有一批会员退出了全德工人联合会。

全德工人联合会代表大会召开后不久，倍倍尔领导下的德国工人协会联合会便在纽伦堡召开了代表大会。会议通过投票，多数人赞成国际工人协会的纲领。这说明德国工人阶级的这一政治组织已经转向了无产阶级的阵营，实现了同自由派资产阶级的决裂。

随后，第一国际的总委员会会议宣布，德国工人协会联合会为国际工人协会德国的执行委员会。这样一来，马克思辛勤播下的国际种子终于在德国开花结果了。

马克思最广为人知的哲学理论是他对于人类历史进程中阶级斗争的分析。恩格斯是马克思的挚友，被誉为"第二提琴手"，他为马克思创立马克思主义提供了大量经济上的支持。在马克思逝世后，他又帮助马克思完成了未完成的《资本论》等著作，并且继续领导国际工人运动。

第十四章　巴黎公社成立

在科学上没有平坦的大道，只有不畏艰险沿着陡峭山路攀登的人，才有希望到达光辉的顶点。

——马克思

（一）

经历了1848年革命失败后的短期低潮后，随着工业革命的实现，法国的工人运动从1854年起再次活跃起来。

1854年，法国工人互助合作社组织重新出现，行业工会也相继成立。第一国际成立时，法国工人是积极的倡导者。第一国际成立后不久，即1865年的1月，巴黎成立了第一国际巴黎支部。仅仅一年的时间，法国巴黎的第一国际会员便从200人发展到500多人。

到1870年，巴黎的第一国际组织发展到25个支部。法国工人运动的领袖路易·欧仁·瓦尔兰成为第一国际巴黎支部联合会的领导人。

1869年，巴黎的另一个强大的工人组织——巴黎公会联合会成立。该组织与巴黎第一国际支部联合会建立了密切的联系。在这两个联合会的领导下，法国工人开始积极开展政治斗争，提出工人有权参与国家政治活动的要求。

当然，这时的法国工人运动还受普鲁东的小资产阶级社会主义的影响。在第一国际成立后，马克思对普鲁东主义进行了批判，一部分先进的工人开始认识到普鲁东主义的错误，科学的社会主义学说在法国工人运动中的影响日益扩大。

法国统治者路易·波拿巴在国内矛盾日渐激化的情况下，为转移国内人民的视线，扼杀国内革命，于1870年7月发动了普法战争。

但是，战争就像恩格斯所预言的那样，很快就遭到了失败，路易·波拿巴本人也被俘了。消息传出后，又像马克思所预言的那样，法国爆发了革命，宣布成立共和国，组成了自称为"国防政府"的临时政府。

然而，这个临时政府也只是一个卖国的政府。它一方面暗中对俾斯麦投降，另一方面又公然扩大警察队伍，打击削弱工人的武装力量。

在这种情况下，手中握有武器的巴黎工人酝酿了武装起义。第一国际巴黎支部的工人准备集中力量推翻临时政府，在巴黎建立公社。

马克思获得这一消息后，并不赞成工人们"在那里以第一国际的名义干蠢事"。他认为，巴黎现在还不具备取得革命胜利的条件，在普鲁士敌人几乎在敲打巴黎城门时，举行起义无疑是一种冒险的举动。

但是，巴黎工人群众还是如期举行了起义。在两次起义失败后，于1871年3月18日再次举行起义，并取得了胜利。他们终于赶跑了资产阶级临时政府，在巴黎的城头上竖立起了革命的红旗。

马克思在伦敦获得巴黎人民起义成功的消息后，自然是毫不犹豫地站在起义者的一边，赞扬英勇的巴黎人民。他说：

"这些巴黎人具有何等的灵活性，何等的历史主动性，何等的自我牺牲精神！在忍受了6个月与其说是外部敌人不如说是内部叛变所造成的饥饿和破坏之后，在普军的刺刀之下起义了，就好像法国和德国之间不曾发生战争一样，好像敌人并没有站在巴黎的大门前一样！历史还没有过这种英勇战斗的范例！"

起义胜利后，巴黎工人于3月26日举行了公社选举，成立了巴黎公社。这是无产阶级夺取政权，实现无产阶级专政的第一次尝试。

巴黎公社成立的消息很快就传播到欧洲各国。在法国的其他城市，如里昂、圣太田、克列索等也相继发生了革命，并成立了公社。这些公社都与巴黎公社相呼应、共存亡。

（二）

巴黎公社是在第一国际的发展处于方兴未艾的时候成立的。早在普法战争开始时，第一国际的德国和法国会员就十分关心普法战争的性质及其发展趋势，更想知道第一国际对普法战争的态度，他们自己应采取什么行动才能有利于无产阶级和国际共产主义运动。

虽然开始时马克思对巴黎人民的起义感到担忧，认为巴黎的无产阶级不应太性急，但起义胜利后，身在伦敦的马克思依然感到十分兴奋。

巴黎公社成立后，马上宣布了一系列的命令，建立了一整套为人民利益服务的行政机构；废除了旧军队，代之以人民自己的武装——国民自卫军；实行政府各级领导人大都由普选产生和不称职者随时撤换的民主制度；宣布政教分离；取消公职人员高薪制；免缴部分房租，减轻人民负担；等等。

对于这些措施，马克思给予了高度赞扬，并且也深受启发。他感到，巴黎工人的这些创举填补了他的关于无产阶级革命和无产阶级专政理论的空白。通过巴黎公社的伟大实践，他也看到了未来新国家的雏形。他在给格·库格曼的信中写道：

工人阶级反对资本家阶级及其国家的斗争，由于巴黎人的斗争而进入了一个新的阶段。不管这件事情的直接结果是怎样的，具有世界历史意义的新起点毕竟是已经取得了。

巴黎公社的成立，令资产阶级十分恐惧。资产阶级报刊连篇累牍地刊登一些歪曲事实的文章来攻击巴黎公社，企图将公社扼杀在摇篮之中。

马克思密切地关注着巴黎公社发生的一切，并通过信使与巴黎保持联系。公社委员会中有一些是国际工人协会的会员，他们对马克思非常敬重。因此，公社委员会列奥·弗兰克尔曾几次写信给马克思，请马克思对巴黎社会的改造问题"出出主意"。

马克思站在客观的立场上，严肃而深刻地分析了巴黎公社目前的境况。他认为，巴黎公社采取的种种措施都是符合无产阶级利益的，但这些措施应该在彻底击败敌人之后再去办。为此，马克思回信给弗兰克尔说：

> 我觉得，公社浪费在琐事和私人争执上的时间太多了。大家知道，除了工人的影响之外，还有其他各种影响存在。如果你们来得及弥补已经失去的时间，那么这一切就不至于造成什么损害。
>
> 你们完全有必要在巴黎之外，在英国和其他地方尽快做你们认为需要做的一切事情。普鲁士人虽然不会把炮台交到凡尔赛分子手中，但在合约最终缔结以后，他们是会允许政府用自己的宪兵去包围巴黎的。……所以，普鲁士就会尽可能地给予凡尔赛分子种种方便，以加速占领巴黎。因此，你们要当心啊。

可惜的是，巴黎公社并没有完全接受马克思的这些忠告。一切正如马克思所料到的那样，由于临时政府与普鲁士相互勾结，聚集在凡尔赛的反革命集团集结了宪兵、市警、教皇兵和一切反动军队，还请求俾斯麦政府放回了被俘的法国士兵，悍然围攻巴黎，并与普军约定严密封锁巴黎。

凡尔赛反革命集团在做了充分准备之后，向巴黎展开了猛攻。占据着巴黎北部和东部炮台的普鲁士军队还为法国政府军让出了通道，使临时政府的军队得以开进巴黎市区。

在经过8天的激烈战斗后，最后一批公社战士在贝尔维尔一带的坡地上倒了下去。5月28日，仅仅存在两个多月的巴黎公社失败了。

（三）

从巴黎起义开始，马克思就注意收集资料，并在巴黎公社失败前的一个多月，开始写总结巴黎公社革命经验教训的著作。

在巴黎公社失败的两天后，即1871年5月30日，马克思向第一国际总委员会宣读了就巴黎事变而向国际全体会员发出的宣言，即《法兰西内战》。对于这篇宣言，恩格斯指出，它再次表现了作者"惊人的才能，即在伟大历史事变还在我们眼前展开或刚刚终结时，就能准确地把握住这些事变的性质、意义及其必然结果"，"这一著作揭示了巴黎公社的历史意义，并且写得简洁有力而又那么尖锐鲜明，尤其是那些事实，是后来关于这个问题的全部浩繁文献都望尘莫及的"。

这篇宣言于1871年6月13日以《法兰西内战》为标题用英文发表。此后，它又被译成德文、丹麦文、法文、荷兰文、意大利文、俄文、波兰文、塞尔维亚文、西班牙文等，迅速传遍了世界各地，成为马克思生前传播最快、流传最广的一部作品。

在这部著作中，马克思总结了巴黎公社的实践经验，并深刻地指出：无产阶级未来要取得革命的胜利，就必须掌握武器。这次革命的新特点，是教会了法国无产阶级掌握武器，而这就是未来的最好保证。

公社在成立之后，宣布的第一道法令就是废除常备军，以工人的武装来代替它；而梯也尔政府实行对外投降、对内镇压的政策，也将"武装的巴黎"看成是阻碍反革命阴谋实现的"唯一严重障碍"，他们认为"必须解除巴黎的武装"。而巴黎的工人阶级则牢牢地掌握着革命武装，既抵御了入侵围困巴黎的普鲁士军队，又顽强地与凡尔赛的反动军队进行了殊死搏斗，保卫了新生的红色政权。

对此，马克思给予了高度的评价。他说：

"这次革命的新特点就在于人民在首次起义之后没有解除自己的武装，没有把他们的权利拱手交给统治阶级的一群共和主义骗子手中……"

无产阶级正是依靠手中的武装力量，才令巴黎公社存在了72天。如果没有这些武装力量，巴黎公社一天都维持不下去。所以说，巴黎公社正是以革命暴力打碎资产阶级国家机器的一次伟大尝试。

但是，马克思对巴黎公社在实现无产阶级专政方面存在的问题也进行了总结，指出巴黎公社没有占领法兰西银行这样的重要机构，不仅造成了自己经济上的困难，还使凡尔赛分子能够从法兰西银行中获得大量的经济援助，用以反对巴黎公社。因此，马克思指出：

"只要夺取法兰西银行，就能令凡尔赛分子的吹牛马上破产。"

最后，马克思又以气势磅礴的语言为《法兰西内战》收尾：

工人的巴黎及其公社将永远作为新社会的光辉先驱而为人所称颂，它的英烈们已经永远铭记在工人阶级的伟大心坎里。那些扼杀它的刽子手们，已经被永远钉在历史的耻辱柱上，不论他们的教士们怎样祷告，也不能让他们解脱。

《法兰西内战》刚一发表，就在社会上引起了巨大的轰动。马克思在给库格曼的信中写道：

> 它引起了一片疯狂的较量，而我目前也荣幸地成为伦敦受到诽谤最多、受到威胁最大的人。在度过了20年单调的沼泽地的田园生活之后，这的确是很不错的。政府的报纸《观察家报》以向法庭起诉来威胁我。看他们敢！对这群恶棍，我一点都不在乎！

在探索真理、捍卫真理的道路上，马克思向来都是不会向反动势力低头的。反动势力对马克思的污蔑、诽谤，也更加从反面证明了他的理论的强大力量。

马克思的父亲有一个不大的葡萄园，马克思认为自己的"成分"是葡萄园主，从小就在葡萄酒产区的环境中得到熏陶。在以后的《资本论》等一些著名的作品中，马克思也经常以葡萄酒产业的例予来阐述劳动价值，分析社会资本的构成和不合理现象。

第十五章　第一国际解散

在科学的入口处，正像在地狱的入口处一样，必须提出这样的要求：这里必须根绝一切犹豫，这里任何怯懦都无济于事。

——马克思

（一）

巴黎公社失败后，大批的公社战士和无辜的群众遭到了凡尔赛反动政府的迫害和杀戮，他们不得不背井离乡逃亡到国外。

按照当时欧洲一些国家的规定，政治流亡者有政治避难权，不受本国政府的追究，但凡尔赛反动政府却将这些流亡者说成是刑事犯，并要求各国政府将他们引渡回国。

这一时期，马克思的处境也很不乐观。《法兰西内战》发表后，各国反动势力对马克思充满仇视。资产阶级反动报刊连篇累牍发表文章，对马克思进行攻击和诽谤。德国政府甚至发出了通缉令，声称只要马克思回国，就立即逮捕他。同时，马克思的家人也受到了密探的监视。

但是，马克思完全将自己的生死置之度外。当巴黎公社的流亡者潮水一般地涌入伦敦时，马克思立即加入到救助流亡者的活动之中。

马克思与第一国际首先做的一项工作，就是反对法国凡尔赛反动政府的引渡要求，维护流亡者的合法避难权。他们组织英国工人阶级和进步人士开展斗争，并在报界大造舆论，迫使英国政府不得不顾及国内的民主传统与工人的情绪。他们在答复法国政府提出的引渡要求时说，法庭将根据每个人的具体情况作出裁决。这无疑为流亡者提供了一定的保障。

经过马克思、恩格斯和国际工人协会各地方组织的积极斗争，瑞士、比利时等国也坚决反对法国政府对流亡者的引渡要求。巴黎公社的流亡者总算找到了栖身之所。

其次，马克思还花费大量的时间和精力安排来到伦敦的公社流亡者。尽管当时他正忙于《资本论》第一卷第二版的出版工作，但仍积极为流亡者寻找住宿，安排生活，提供生活必需品等。

为了帮助流亡者摆脱生活困难，马克思和恩格斯还发动了募捐活动，积极为公社流亡者募集资金。当时，马克思家中的生活也十分拮据，但他仍慷慨解囊，尽其所有地带头捐款。

对于那些想在伦敦找到工作的流亡者，马克思还一一记下他们的名字和工作特长，然后多方联系。一旦找到合适的工作，他又马上与恩格斯一起为这些流亡者代付经办人佣金，为他们提供路费等，安排他们尽快投入到工作当中。

此时，马克思已经50多岁了，而且身患多种疾病。但为了公社未竟的事业，为了那些流亡在异乡、曾为公社事业英勇奋斗的公社社员能够得到精神上的支持和生活上的帮助，马克思忘我地忙碌着。

由于忙于救助流亡者，马克思没有更多的时间从事他热爱的理论研究工作。对此，马克思的大女儿燕妮曾生动地描述道：

"他不仅要与各国统治积极的政府作斗争，还要与'身体肥胖、和蔼可亲和年纪四十的'房东太太作短兵相接的搏斗，因为这些房东太太由于某个公社社员没有付房租就对摩尔发起攻击。他往往刚要专心地进行抽象思考，史密斯太太或者布朗太太就会闯进来。"

马克思的热心帮助和无私关怀令这些流亡者深受感动。波兰革命家、曾经的巴黎公社英雄瓦弗卢勃列夫斯基后来回忆他在伦敦的这段艰难的日子时，曾在致恩格斯的信中这样写道：

"在我流亡伦敦期间，您的家和马克思的家成为我唯一的、真正充满友谊的避难所。在这里，你们对我是多么的友爱和仁慈……"

的确，在那段时间里，马克思的梅特兰公园路的寓所成为流亡者的避难所。马克思的夫人燕妮和孩子们都积极参加到救助公社流亡者的活动中。那些衣衫褴褛、疲倦不堪的流亡者在马克思家中都受到了他们一家人热情而殷勤的款待。

（二）

巴黎公社失败之后，第一国际受到了各国政府和反动势力的迫害。而在第一国际的内部，以巴枯宁分子为代表的无政府主义势力也日渐扩大。他们乘机篡夺革命领导权，发起了对以马克思为首的国际总委员会的攻击。

巴枯宁是俄国的革命者，曾在欧洲许多国家进行鼓动，并于1868年建立了国际社会主义民主同盟。他也曾受到马克思理论的影响，但后来却逐渐形成了一套无政府主义学说，开始疯狂反对马克思的理论和马克思对国际的领导。

当看到第一国际已经取得巨大成就，巴枯宁便千方百计进入第一国际。在通过欺诈手段进入第一国际后，他便开始宣扬自己的无政府主义，主张通过密谋暴动发动革命，并立即取消国家，反对马克思关于无产阶级革命的理论和策略，而且利用反对一切权威的宣传来向马克思的领导地位发起挑战，企图控制第一国际的领导权。

在巴黎公社时期，巴枯宁就极力反对第一国际对巴黎公社的正确主张。在1871年8月召开的伦敦代表会议上，他还反对工人阶级参加政治斗争。遭到失败后，巴枯宁仍不甘心，于11月在瑞士召开了自己的所谓代表大会，通过《告国际工人协会各联合会书》公开反对代表会议的各项决议，发动总委员会的领导污蔑马克思和恩格斯是"独裁者"，鼓吹所谓的"支部自由"和"自由联合"。

为了反击巴枯宁的荒谬理论，马克思和恩格斯写了国际工人协会内部通告——《所谓国际内部的分裂》，来揭露巴枯宁一派的阴谋分裂活动，重申了协会的原则和政策。

与此同时，许多国家的地方支部也纷纷表示支持马克思和恩格斯，展开了与巴枯宁分子的斗争。

1872年9月，国际工人协会在海牙召开代表大会。马克思深知此次大会的重要性，因此不仅在会前作了充分的准备，还带病出席了大会。

这是马克思第一次参加第一国际的代表大会，引起了与会者的瞩目。在会议上，巴枯宁分子妄图削弱总委员会的权利，使之成为某种"信箱"或"通讯统计局"。

但是，这种事实上属于"把有战斗力的国际变成穿长衫和穿拖鞋的市侩党"的企图遭到了大部分与会代表的反对，大会也彻底粉碎了巴枯宁分子的阴谋活动，将巴枯宁和他的信徒开除出第一国际。

海牙代表大会结束之后，马克思和恩格斯还写了一系列批判巴枯宁主义的文章。1872年底，恩格斯应意大利《人民报》编辑比尼亚米的请求，为《1873年共和国年鉴》写了著名的《论权威》一文。

在这篇文章中，恩格斯从当时社会的经济条件出发，利用工业生产和航海等方面的实例，雄辩地证明了权威的必要性。恩格斯认为，将权威和自治对立起来，把权威说成是绝对坏的，把自治说成是绝对好的，都是荒谬的。

恩格斯在文章中反问道：

> 这些先生见过革命没有？革命无疑是天下最权威的东西。革命就是一部分人用枪杆、刺刀、大炮，即用非常权威的手段强迫另一部分人接受自己的意志。获得胜利的政党如果不愿意失去自己努力争得的结果，就必须凭借它以武器对反动派造成的恐惧来维持自己的统治。如果巴黎公社面对资产者没有运用武装人民这个权威，它能支持哪怕一天吗？反之，难道我们没有理由责备公社把这个权威用得太少了吗？
>
> ……

为批驳巴枯宁主义反对无产阶级进行政治斗争的谬论，马克思也于1873年12月在《1874年共和国年鉴》上发表了《论政治冷淡主义》一文。

在该文中，马克思采取了一种特殊的论战方式，即将巴枯宁主义的主张用他们自己的逻辑和语调，将其必然的结论演绎出来，从而让工人们能够透过他们的革命词句，透过他们的所谓工人阶级的永恒原则，看清巴枯宁主义的反动实质。

海牙大会后，第一国际总委员会驻地迁到了纽约，总书记为马克思的朋友佐尔格。

因为在当时反动势力加紧破坏的情况下，总委员会在欧洲开展正常活动愈加困难，而且驻地设在伦敦有令总委员会权力落入不可靠的人手中的危险；与此同时，美国工人阶级的力量正在迅速增强，"第一国际必须在这块工人占据优势的土地上扎根生长"。

但是，当时的国际形势已经发生了很大的变化，各国的资产阶级政府不断对第一国际加紧迫害，加之巴枯宁主义的分裂活动令第一国际大伤元气；巴黎公社失败后，各国工人运动也进入了加强内部组织建设和建立独立政党的时期。在这种情况之下，第一国际工人协会这个旧的形式已逐渐不再适应工人运动所面临的新任务了。从此以后，第一国际作为欧美工人运动的首领机关的功能日渐减小。

在经过分析和思考之后，根据马克思的建议，第一国际工人协会于1876年7月在美国的费拉尔菲亚城举行了最后一次代表大会。大会通过宣言，宣告第一国际解散。这样，第一国际在完成了它的历史使命后，主动从历史的舞台上退隐了。

第十六章　卡尔斯巴德疗养

在选择职业时，我们应该遵循的主要方针是人类的幸福和
我们自身的完美。

——马克思

（一）

19世纪60年代中期以后，马克思的经济条件已逐渐有所好转，他再
也不用每天为生计而奔波、发愁了。这时，马克思的主要经济来源已
不是稿费，而是朋友们无私的援助。他的最亲密、最忠诚的战友和朋
友恩格斯对他比亲兄弟还要亲，将自己的财产看成是他和马克思的共
同财产。在60年代以后，恩格斯每次对马克思的经济支援已经不是几
英镑了，而是几十英镑，甚至是上百英镑。

从1870年起，恩格斯在6年内每年供给马克思350英镑的生活费。
1876年以后，他每年供给马克思不少于150英镑的生活费。当然，除了
生活费之外，其他急用的钱，恩格斯也会保障供给。

在60年代，马克思已经是著名的无产阶级理论家和革命家了。他
不仅在工人阶级中间享有很高的威信，在资产阶级进步学者中也产生
了很大的影响。1867年，马克思因出版《资本论》曾到过德国的汉诺

威。汉诺威的许多资产阶级进步人士得知后，都纷纷前去拜访他，甚至请他作客。

汉诺威市统计局的局长梅尔克尔在拜访马克思时不无钦佩地说：

"我研究货币流通问题多年，但都徒劳无功，而你却一下子就将问题彻底搞清楚了。"

马克思将自己的全部才智和精力都献给了无产阶级解放事业，一生都在为人民谋求幸福，长期的繁重工作也累垮了他的身体。在海牙代表大会结束后，第一国际总委员会迁到纽约，马克思便不再参加领导工作，自此得以卸下国际领导工作的重担。

这也是马克思多年的愿望。在卸任后，他说：

"我终于摆脱了国际总委员会委员的组织工作。这项工作让我负担过重，在我从事我的理论工作的同时兼任这份工作是越来越困难了。"

马克思不止一次地说，自己工作很忙，甚至连睡觉的时间都没有。即使一天有48个小时，他仍然是几个月也做不完每天的工作。

有一次，马克思将自己的这种情况称为"奴隶地位"，他说：

"我急切地期待着下一届代表大会，那将是我的奴隶地位的结束。此后，我将重新成为一个自由的人，无论是在总委员会，还是在不列颠联合委员会，我将不再需要担任组织职务了。"

当然，卸下国际领导工作的重担并不意味着马克思就离开了国际事业。正如马克思在海牙大会的告别演说中所说的那样：

> 至于我个人，我将继续自己的事业，为创立这种对未来具有如此良好作用的所有工人的团结而不懈地努力。不，我不会退出国际，我将一如既往，把自己的余生贡献出来，争取我们深信迟早会导致无产阶级在全世界统治的那种社会思想的胜利。

第一国际宣告解散后，马克思才真正有可以比较自由支配的时间。此后，他将大部分的精力继续投入到校订《资本论》第一卷法文版的工作当中。

《资本论》第一卷出版之后，马克思打算尽快出版法文版。他希望这部著作能够在罗曼语各国传播，以便消除普鲁东主义对工人运动的不利影响。

为此，马克思曾一度想加入英国国籍，因为他想亲自去法国促成法文版的出版。但去法国的话，就可能会被逮捕，除非他是英国公民。

不过，马克思一直没有找到合适的译者和出版者。直到1872年时，马克思才与出版家拉沙特尔谈妥出版法文版的事宜，确定以翻译费尔巴哈著作而著名的约瑟夫·鲁瓦担任法文版译者，根据1872年出版的德文第二版进行翻译。

约瑟夫·鲁瓦是一位十分认真负责的翻译者，但也正因为如此，他的译文显得过于拘谨，失去了原有的风格。为此，马克思不得不花费很大的精力逐字逐句修改，而且为让读者更易理解，还对文章作了一些篇章结构、内容及表达形式上的调整。

像德文第二版一样，《资本论》的法文版也是分册出版的，共有14个分册，直到1875年5月才先后出完。

（二）

长期以来的辛劳工作，特别是在巴黎公社时期的紧张工作，以及法文版的校订工作，导致马克思的健康状况日渐恶化。

马克思长期被失眠所困扰，尤其是在海牙大会期间，他几乎整夜无法入眠。在校订《资本论》期间，出版者的要求以及各种各样的不愉快的事，令马克思的病情更加恶化。但是，他一直不愿意停下手中的工作休息，最后失眠严重到服用很大剂量的三氯乙醛也不起作用。

为了让马克思能获得充分的休息，医生限制马克思每天的工作时间不超过4小时，但他的健康状况还是越来越差。到1873年底，马克思的脸上又长了好多疖。用马克思自己的话来说，这是一种"无产阶级的疾病"。不久，他的肝病又出现了急性发作症状。为此，马克思几乎丧失了工作能力。

1874年8月，在医生、恩格斯及马克思一家人的劝说之下，马克思最终决定带着当时也在患病的小女儿艾琳娜一起前往当时奥地利境内的卡尔斯巴德疗养。

在去之前，马克思的亲友不得不考虑他的安全问题，因为马克思的名字已经响彻欧洲，资产阶级政府将这个"红色恐怖博士"看成是一切骚乱的根源。为防止奥地利警察的拘捕或骚扰，马克思又想起了那个加入英国国籍的方法。如果他能拿到英国国籍，那么在其他国家就会比较安全。

为此，1874年8月1日，马克思向英国内务部提交了申请，当局直到月底才给予马克思否定的答复，但拒绝的理由并没有告诉马克思。从侦查警官的特别报告上，可以看到这样的拒绝理由：

"该人是一个恶名昭彰的德国鼓动家，第一国际协会首领与共产主义理论的捍卫者。该人对其君其国都不忠诚。"

事实上，马克思没等收到这个否定的结果就于8月14日起程了。5天后，他来到卡尔斯巴德。

卡尔斯巴德气候宜人，欧洲许多国家的人都在这里疗养。马克思住在一家名叫"日耳曼尼亚旅馆"的疗养院中。为避免引起当局和警察的注意，马克思在旅馆的疗养者登记簿上登记的是"查理·马克思"的化名。

然而刚刚在这里安静地待了十来天，马克思的身份就被披露了。不久，维也纳的《喷泉报》上就刊登了这样一则消息：

"第一国际多年的领袖马克思和俄国虚无主义者的领袖，即波兰普拉特伯爵，一起到卡尔斯巴德疗养来了。"

这则消息一公布，奥地利的警探立即开始监视马克思的行动。但由于没有抓到什么把柄，他们对马克思也无可奈何。

在卡尔斯巴德，马克思疗养了一个多月。每天，他与女儿艾琳娜严格地遵守医生规定的作息制度，定时起床，定时进餐、散步、泡温泉、就寝。后来，艾琳娜回忆起与父亲一起疗养时的情形说：

"摩尔是一个很令人喜欢的旅伴，他总是那么风趣幽默，兴致勃勃，不管是美丽的风景还是一杯啤酒，他都尽情享受。他的历史知识十分渊博，我们每到一个地方，他都能把这个地方过去的情形描绘得比我们见到的还要生动。"

经过一段时间的疗养，马克思的病情大为好转，肝功能也逐渐得到了恢复。

1875年，马克思又前往卡尔斯巴德进行了一次疗养。这次疗养的效果相当好，他的睡眠状况大有改观。

1848年至1849年欧洲革命失败后，马克思流亡到了伦敦。伦敦有个大英博物馆，是世界上规模最大的博物馆之一。博物馆中除了收藏许多珍贵文物外，还有一间收藏着大量书籍和文献资料的图书馆。马克思经常到图书馆去学习和写作，每天上午9点准时到里面借阅书籍，一直到晚上7点才回家。在大英博物馆里前后学习的10年多时间里，马克思总是准时到那里，坐在D行第2号座位上。马克思在读书时还常常情不自禁地在座位下用脚来回擦地，经过长年累月地磨擦，竟把水泥地磨去了一层。后来，这里就被人们称为"马克思"的脚印。

第十七章　党内顾问

人只有为自己同时代的人完善，为他们的幸福而工作，他才能达到自身的完善。

——马克思

（一）

1874年年末，就在马克思对《资本论》第一卷的法文版第一版译稿进行紧张的修改、校阅，并为完成《资本论》第二卷、第三卷的写作收集资料、开展研究之时，在德国发生了一件令人瞩目的事，这就是当时德国的两个工人组织——由李卜克内西和倍倍尔领导的社会民主党（爱森纳赫派）和由哈森克莱维尔、哈塞尔曼和特尔克领导的全德工人联合会（拉萨尔派）积极频繁地接触，酝酿着合并的问题。

对于这个问题，马克思和恩格斯原则上是同意的，但他们认为，合并应该是有条件的。这个条件就是必须在科学社会主义原则的基础之上合并，必须让拉萨尔派放弃宗派主义，不能拿原则当交易。

因此，马克思和恩格斯建议，在拉萨尔派放弃机会主义路线之前，应该先与他缔结一个反对共同敌人的行为协定。

但是，李卜克内西等爱森纳赫派领导人却没有听从马克思和恩格斯的建议，并先后于1874年11月2日和12月15日同拉萨尔派的领导人进行了两次会谈，然后匆匆忙忙地起草了一个《纲领草案》，准备作为合并后的德国社会主义工人党的统一纲领。

1875年3月，《纲领草案》分别在两派的中央机关报《人民国家报》和《新社会民主党人报》上发表。马克思和恩格斯在看到这个草案后，对其中所表现出来的断然的退让感到很愤怒，认为这是个极其糟糕、会令党堕落的纲领。

于是，恩格斯先后给李卜克内西和倍倍尔分别写了一封信，批评了《纲领草案》在理论上的不合理和倒退。

4月初，马克思应爱森纳赫派领导人白拉克之邀，开始对《纲领草案》进行批判。5月，马克思完成了《对德国工人党纲领的几点意见》，即《哥达纲领批判》的写作。

在这篇文章中，马克思不仅批判了拉萨尔派的机会主义观点，而且还提出了马克思主义关于社会主义和共产主义两个阶段的划分、关于无产阶级专政、关于从资本主义到共产主义过渡时期的国家学说等重要原理。

马克思将共产主义社会区分为两个阶段：低级阶段和高级阶段。在低级阶段，即社会主义阶段，由于生产力还没有达到高度发展水平，产品还不是十分丰富，生活资料只能按照劳动的数量和质量来进行分配。只有到了高级阶段，即共产主义阶段，随着脑力劳动和体力劳动之间、工农之间、城乡之间差别的消失，随着产品的极大丰富，才能实现"各尽所能，按需分配"。

马克思还指出，在资本主义社会和共产主义社会之间还必然有一个过渡的时期。在这个时期，国家只能是无产阶级专政。

在此之前，在马克思与恩格斯的著作中，都出现过对过渡时期的论述，但《哥达纲领批判》中的论述同此前相比已经大有不同。后来，列宁在《国家与革命》一文中对此进行了评价：

> 从前，问题的提法是这样的：无产阶级为了求得自身的解放，应该推翻资产阶级，夺取政权，建立自己的革命专政。
>
> 现在，问题的提法已经有所不同了：从向着共产主义发展的资本主义社会过渡到共产主义社会，非要经过一个"政治上的过渡时期"不可，而这个时期的国家只能是无产阶级的革命专政。

这也就是说，马克思和恩格斯在过去的著作中对过渡时期的论述大多都是一种科学的假设。而在《哥达纲领批判》中，马克思已经对这一问题进行了科学的论述。用列宁的话说，就是"非要经过一个'政治上的过渡时期'不可"。

（二）

一直以来，马克思都认为，党的纲领就是一面公开树立起来的旗帜，是在全世界面前树立起来的可供人们用以判定党的运动水平的界碑。所以，坚决不能容忍党的纲领中带有拉萨尔的机会主义色彩。

当时，李卜克内西起草的《纲领》分为两部分，第一部分是想从理论上说明德国无产阶级的地位和奋斗目标；第二部分是想说明德国无产阶级斗争的道路和方法，同时也提出了一些斗争的策略。

但是，纲领的内容明显表现出了拉萨尔主义观点，将德国无产阶级斗争的目标和任务庸俗化了，同时又回避了无产阶级革命和无产阶级专政。因此，马克思首先提出了被纲领忽视了的所有制问题。

纲领满足于"劳动是一切财富和一切文化的源泉"这样一般的说法，却没有指出使这一说法得以成立的现实条件，即：

"只有一个人一开始就以所有者的身份来对待自然界这个一切劳动资料和劳动对象的第一源泉，把自然界当做属于他的东西来处置，他的劳动才能成为使用价值的源泉，因而也成为财富的源泉。"

故而，劳动受着它的自然前提的制约。而正是这个自然前提的所有权问题，成为劳动者受剥削的根源：

"一个除了自己的劳动之外没有任何其他财产的人，在任何社会和文化状态中，都不得不为另一些已经成为劳动的物质条件的所有者做奴隶。他只有得到他们的允许才能劳动，因而只有得到他们的允许才能生存。"

因此，马克思认为，要想让劳动者获得这个劳动的前提，就必须进行社会主义革命，建立共产主义新社会。而"资本主义社会和共产主义社会之间，有一个从前者变为后者的革命转变时期。同这个时期相适应的，也有一个政治上的过渡时期，这个时期的国家只能是无产阶级的革命专政。"

马克思认为，共产主义的初级阶段，并不是在它自身基础上已经发展了的。恰恰相反，它是刚刚从资本主义社会中产生出来的，所以在各个方面，如经济、道德和精神文化等方面，也会都带有它脱胎出来的那个旧社会的痕迹。在这样的社会中，每个生产者所给予社会的，是他个人的劳动量；而从社会中取回的，则是作了各项必要扣除后自己所给予社会的那些，这也就决定了只能实现按劳分配的原则。它事实上已经比资本主义社会的按资分配前进了一大步。

但是，按劳分配遵循的是等量劳动相交换的原则，虽然已经不具有商品经济的形式，并在一定程度上超越了商品交换中的偶然性，但从性质上来说，它遵循的仍然是商品经济的价值规律，"在这里，平等的权利按照原则仍然是资产阶级权利"。对于体力、才能和家庭负担不同的人来说，生活状况的不平等依然存在，因为权利不能超出社会的经济结构以及由此制约的社会文化发展。

而到了共产主义高级阶段，将真正实现超越商品经济的原则，从按劳分配前进到按需分配。而要做到这一点，就必须在共产主义第一阶段大力发展生产力，发掘集体财富的一切源泉：

> 在共产主义社会高级阶段，在迫使个人奴隶般地服从分工的情形已经消失，从而脑力劳动和体力劳动的对立也随之消失之后；在劳动再不仅仅是谋生的手段，而且本身成为生活的第一需要后；在随着个人的全面发展，他们的生产力也增长起来，而集体财富的一切源泉都充分拥有之后，——只有在那个时候，才能完全超出资产阶级权利的狭隘眼界，社会才能在自己的旗帜上写上：各尽所能，按需分配！

虽然马克思对未来共产主义的分析和展望十分深刻，但《哥达纲领批判》在当时并没有公开发表，因为马克思和恩格斯觉得《哥达纲领批判》在工人中的影响不会太大。

一直到1891年，为了同当时德国社会主义民主党党内出现的右倾机会主义进行坚决的斗争，恩格斯才不顾党内机会主义领导的强烈反对，决定将《哥达纲领批判》公开发表。而此时，马克思已经去世8年了。

（三）

爱森纳赫派的社会民主党和拉萨尔派的全德工人联合会合并之后，

一方面，工人阶级受到统一的鼓舞，积极发展自己的力量，党组织很快壮大起来，党在群众中的影响也扩大了。1877年，党获得了近50万张国民议员的选票，有12人被选为议员。党的刊物也增加了18种。

另一方面，由于党纲内写入了拉萨尔的机会主义观点，令各种机会主义在党内的活动合法化，尤其是杜林和"三人团"的猖狂活动，也给党带来了很大的危害。

在马克思和恩格斯的指导帮助之下，李卜克内西逐渐认识到了自己的错误。后来，当杜林在党内有了很大影响，并开始攻击马克思的《资本论》时，李卜克内西多次请求马克思和恩格斯发表批判杜林的文章。

杜林从1863年起便担任德国柏林大学的讲师。他表面宣称自己赞成共产主义，同情巴黎公社，但事实上却热衷于为反动政府效劳。

1865年秋，俾斯麦指派他的亲信布赫尔和政府枢密顾问、政府的喉舌《普鲁士国家通报》监护人奇特尔曼亲自登门拜访杜林，邀请他为《普鲁士国家通报》撰稿。这一"殊荣"让杜林受宠若惊，他马上满口答应，并很快为其撰稿。

1866年4月，俾斯麦又派亲信、"社会问题"顾问瓦盖纳找到杜林，希望他就"在什么条件下可以由国家并且在一定程度上甚至用国家资金为工人谋利益的问题"起草一份"条陈"，以备"内阁内部使用"。杜林立即满口答应，并在两个月内就写出了第一个"条陈"交给俾斯麦政府。

杜林这样讨好俾斯麦政府，自然是希望能得到好处的。但是，当他向政府提出申请教授头衔时，却遭到了俾斯麦政府的拒绝。

当然，党内也有不少人认为杜林的观点是应该被批判的。在这种情况下，如果不及时对杜林的"理论"进行批判，刚刚统一起来的党就会因杜林问题而造成新的分裂，并可能形成拥护杜林和反对杜林的两个对立派别。

于是，马克思在李卜克内西的请求之下，为了德国党的利益，决定对杜林进行回击。他告诉恩格斯说：

"多年来，我们都把这些看做是次要的工作，没有接受下来。……当我们注意到那些平庸思想在党内传播的危险性时，我们才发现这件事的重要性。"

当时马克思由于忙于写《资本论》，便委托恩格斯撰写批判杜林的文章。恩格斯接受了这一任务，并先后用两年的时间写成了《反杜林论》，将杜林的反动思想批判得体无完肤。

虽然《反杜林论》是由恩格斯写就的，但同样是马克思主义的经典著作之一。在写作过程中，恩格斯多次与马克思进行讨论，马克思也为之提供了许多资料和意见，因此恩格斯说：

"……绝大部分内容都是由马克思所确立和阐发的，只有极小的一部分是属于我的。所以，我的这部著作如果没有马克思的同意就不能完成，这在我们相互之间都是不言而喻的。"

《反杜林论》出版后，杜林受到了沉重的打击，加之当时他正与柏林大学瓦盖尔打一场笔墨官司。在瓦盖尔的坚持下，柏林大学剥夺了杜林在大学讲课的权利。从此，这个狂妄之徒就再也没有机会为所欲为了。

马克思和恩格斯帮助德国社会民主党清除杜林思想的工作还未结束，在德国就发生了两起谋刺皇帝的事件。俾斯麦就将这两件事嫁祸给社会民主党，并发布了"镇压社会民主党企图危害治安的法令"（又称"反社会党人非常法"）。

该法令规定：社会民主党的一切组织、报刊、集会等一律禁止，支持社会民主党的任何组织都将受到严厉的制裁，政府可以不经任何法律程序逮捕和放逐社会民主党党员。

在"非常法"实行期间，党组织遭到解散，党的出版物被禁止，大批的社会民主党人被刑拘、放逐。在这种突如其来的袭击下，党的领袖们茫然失措，而混入党内的机会主义分子马上纠合在一起，高唱投降主义论调，乞求统治阶级的饶恕，并胁迫党的领导者自动解散党组织。在这种情况下，李卜克内西和倍倍尔也有些动摇了。

（四）

在德国党生死存亡的关键时刻，马克思和恩格斯坚决反对放弃斗争的行为。首先，他们耐心地帮助李卜克内西等人克服动摇情绪，让他们明白：重视阶级斗争是历史的直接动力，特别是重视资产阶级和无产阶级之间的阶级斗争，更是现代社会变革的巨大杠杆。

在马克思恩格斯的帮助下，李卜克内西逐渐认识到了自己的错误。随后，马克思恩格斯又帮助他们制定了党在"非常法"情况下的斗争策略，即采取合法斗争和非法斗争相结合的方式，将党组织转为秘密的地下组织，开始进行广泛的地下斗争，同时再利用各种公开的组织形式进行地下活动，并通过地下邮政组织将传单和党报传递到民众中间；还利用罢工、游行等进行公开的群众斗争。

在马克思和恩格斯的指导下，德国党的组织巧妙地将合法斗争和非法斗争结合起来，将议会斗争和议会之外的斗争结合起来。经过12年的斗争终于取得了胜利，将俾斯麦政府赶下了台，"非常法"也被废除，党取得了工人群众的拥护。

在关注德国党组织的同时，马克思和恩格斯对法国的工人运动也一直很关心。巴黎公社失败后，法国的工人运动便沉寂了一个时期。1876年后，流亡国外的一些工人运动活动家秘密回到巴黎，工人运动再次活动起来。

1876年和1878年初，法国工人在巴黎和里昂分别召开了两次全国性工人代表大会，社会主义者茹尔·盖得深得工人群众的信任。他此前是个无政府主义者，后来受革命民主主义的影响，在友人希尔斯和其他马克思主义者的影响下，逐渐接触到马克思的理论，并转移到马克思主义的立场上来。

1878年，马克思与盖得取得了联系，并直接对盖得产生了政治思想影响。同时，马克思对盖得与龙格在激进派报纸《法国革命报》上的论战，表示赞同盖得的观点，因为龙格还未完全消除普鲁东主义的影响。

1879年10月，在马克思和恩格斯的支持指导下，法国工人党成立，代表大会委托盖得制定党的纲领，盖得遂写信向马克思请教。

1880年5月初，盖得来到伦敦，见到了马克思和恩格斯，并在恩格斯家中举行会议，讨论和拟定了法国工人党纲领草案。马克思当场向盖得口授了纲领的理论性导言部分，以非常简练、通俗的语言形式阐述了无产阶级解放斗争的共产主义目的，阐述了工人阶级的历史使命和革命斗争是推翻资本主义制度、建立生产资料公有制的决定手段，阐述了必须建立无产阶级独立政党的原理。

纲领的其余部分是由盖得根据马克思恩格斯的意见拟定的。1880年10月，法国工人党代表大会通过了这个马克思主义的纲领。

此外，马克思和恩格斯还为法国工人党创办的《平等报》、《社会主义评论》等报纸撰稿。其中，马克思写了《关于〈哲学的贫困〉》和《工人调查表》。后来，《工人调查表》还被印成单行本出版，一次就发行了2.5万册，在法国广泛传播。

《工人调查表》共分4个部分，大约有100多个问题，是对工人阶级状况进行社会调查的一个周密提纲。通过调查表的方式，马克思阐述了工人阶级的要求，如限制工作日、增加工资、实行工人监督下的有效保险、男女同工同酬、禁止使用童工和缩短少年工人的工作日、工会组织合理化等等。

1880年秋，盖得回到法国领导法国工人党。此后，法国工人党更加自觉地置于马克思恩格斯的领导之下。马克思还两次到过巴黎，专门与盖得等人讨论了法国工人党的问题，指导他们正确开展党的工作和活动。在马克思的指导之下，法国工人党逐渐发展成为欧洲强大的政党之一。

除了德国和法国建立了社会主义政党之外，19世纪70年代末至80年代初，在荷兰、丹麦、美国、捷克斯洛伐克、西班牙、比利时、意大利等国家都先后建立了社会主义政党。这些政党的领袖多是以前第一国际协会的会员，有些还是马克思恩格斯的朋友和学生。在他们的宣传下，马克思恩格斯的著作在欧美各国广泛流传，尤其是《资本论》，在许多国家都有一批热心的读者，这给各国建立社会主义政党打下了坚实的思想理论基础。不论是已经建立起社会主义政党的国家，还是没有建立起社会主义政党的俄国和英国，都有马克思恩格斯的朋友及马克思主义的拥护者。

第十八章　晚年的探索

如果人只是为了自己而劳动，他也许能成为有名的学者、绝顶的聪明人、出色的诗人，但他绝不可能成为真正的完人和伟人。

——马克思

（一）

马克思晚年的研究对象十分广泛，除了继续研究政治经济学之外，他还重点研究了人类学、世界史乃至农业学、化学、农业化学、生物学、地质学、矿物学等等，而且研究成果相当丰硕。当他去世后，留给后人的是未及发表的《资本论》第一卷之后的大量手稿，以及《人类学笔记》《历史学笔记》《数学手稿》等一大批宝贵的精神财富。

对高等数学的研究，在马克思晚年的研究工作中占据着重要的地位。马克思对数学的兴趣由来已久，他曾说：

"一种科学只有在成功地运用了数学时，才算达到真正完善的地步。"

最开始时，马克思只是将数学当做经济研究的工具，要通过大量的计算来说明自己的政治经济学观点。后来，他还把解数学题作为自己休闲或调整疲劳神经的一种休息手段。以后，他多次深入地研究这一学科，并于19世纪80年代初期写出了《论导函数概念》和《论微分》两份关于微分学的手稿及其他手稿。

不过，马克思并没有来得及对自己的数学手稿进行整理。后来，恩格斯在阅读了马克思的第一批数学手稿后认为，马克思的研究颇具独到之处。为此，恩格斯打算将马克思的数学手稿整理出版，但可惜的是，他也未能实现这一愿望。

一直以来，马克思都将《资本论》看成是自己毕生的著作，而将以前所写的其他文章称为"小东西"。在《资本论》的第一卷发表之后，最早一批接受这部"工人阶级的圣经"的德国人，是以李卜克内西、倍倍尔等为代表的德国先进工人的领袖人物。他们在认真研读这部著作的同时，也利用作报告和发表文章等多种形式开展了宣传、普及工作，促进了《资本论》在德国的传播。

对于这一点，马克思感到十分欣慰。他说：

"《资本论》在德国工人阶级广大范围内迅速得到理解，这是对我的劳动的最好的报酬。"

为此，马克思想很快就出版续卷，但由于各种原因，一直未能实现这一愿望。

本来在19世纪70年代以前，马克思制定经济原理的工作已经完成，所缺少的就是用一个完整的体系将其写出来。但是，巴黎公社时期形势的迅速发展和由此而来的国际工作的空前繁忙，让马克思在70年代初根本没有时间从事写作，只有一点时间用来修订《资本论》第一卷的工作。

到了19世纪70年代，尤其是在巴黎公社成立之后，随着科学共产主义思想的广泛传播，德国工人对《资本论》的需求日益扩大。1871年

11月底，出版商迈斯纳就向马克思通报了《资本论》第一版在德国几乎已全部售罄的消息，并希望马克思能够抓紧时间出版第二版。

为了出版一个更加完善的第二版，马克思对《资本论》的全书作了很大的改动，不仅改变了全书的结构，还对有些章节作了很多修改，并且还加入了许多注释。

海牙大会结束后，马克思虽然卸下了国际工作的重任，有了自己的时间，但前一时期的过度劳累让他的身体疲惫不堪，他不得不偿还对身体所欠下的债。而且从1872年到1875年，马克思又为《资本论》的法文版付出了巨大的劳动。这样一直到1877年，马克思整理《资本论》续卷的工作才基本停顿。

（二）

1877年初，马克思的健康状况有所好转，他就又开始修订《资本论》的第二卷。但到了70年代末期，由于看到现实中经济危机出现新的特点，而且还在健康发展，他又故意拖延了第二卷的出版。在1879年时，马克思曾说：

"在英国，目前的经济危机还未达到顶峰之前，我绝对不会出第二卷的。这一次的现象是十分特殊的……因此，必须注视事件目前的进程，直到它们完全成熟，然后才能把它们'消费'到'生产'上，我的意思是'理论上'。"

为了出版《资本论》的续卷，马克思进行了大量的研究工作。在70年代，马克思的研究同20多年前相比有一个特点，就是将更多的精力放在研究资本主义经济状况上了。在这之前，马克思更着力研究在他以前200年间占据统治地位的资产阶级经济学家以及空想社会主义的、小资产阶级的经济理论。

　　这项工作到了19世纪60年代中期基本完成，此后，马克思就逐渐转向资本主义的经济现实了。同时，这也是马克思写作续卷的要求，他的著作都是从抽象到具体，第一卷的内容更加概括和抽象，相比之下，第二卷和第三卷则更加具体，更接近资本主义经济运动的具体过程。

　　马克思还研究了俄国土地的问题。为了写"地租"这一篇，他在70年代末曾进行了全新的研究。从1869年起，马克思还学习了俄文，并很快就能阅读他收集来的大量俄文资料。1881年，马克思开列的题为《我书架上的俄国资料》书单中，就有120多种书籍和资料。马克思还阅读研究了这些俄国土地关系方面的资料，写下了大量的笔记。

　　可以说，虽然《资本论》对于马克思来说十分重要，但马克思却没有将大部分的工作时间用在《资本论》的续卷上，而是用在继续进行研究上了。这种研究的范围还不断扩大，并逐渐超出了整理和修订《资本论》续卷的范围。甚至可以说，马克思思考的重点已经从宏伟的经济学和《资本论》创作，转向了更加宏伟的历史理论上。

　　直到去世，马克思也没有能够出版《资本论》的续卷，这个历史任务是由马克思的忠实好友、马克思的"第二个我"——恩格斯完成的。

　　恩格斯在马克思的小女儿艾琳娜和秘书的帮助下，经过两年多的艰苦劳动，于1885年9月出版了马克思的《资本论》第二卷。又过了将近10年，于1894年底出版了整理好的第三卷。

　　在《资本论》的第二卷中，马克思考察了资本的流通过程，包括资本循环理论、资本周转理论和社会总资本的再生产与流通理论。

　　作为一种自行增值的价值，资本必须不断地从流通过程进入生产过程，又从生产过程进入流通过程，这就是资本的循环。

　　资本的循环相继经过三个阶段，并采取三种形态。第一个阶段是购买过程，即资本家在市场上购买劳动力和生产资料，完成由货币资本向生产资本的转化；第二个阶段是生产阶段，资本家将劳动力和生产资料投入生产，使之由生产资本转化为商品资本；第三个阶段是售卖阶段，资本家在市场上将商品售出，使之由商品资本转化为货币资本。

马克思认为，要想让资本循环正常进行，所有的资本必须按一定的比例分成货币资本、生产资本和商品资本，让这三者同时并存。而且，还必须使每一部分资本都依次通过三个阶段，否则，资本循环就会被迫中断。

资本循环周而复始地不断进行，就是资本的周转。资本周转的时间就是资本家预付资本不仅以原有形式返回、而且还增值价值的时间。通常周转的时间越短，就越能够节省预付资本量，并增大剩余价值量；周转的时间越长，情况则相反。

就不同的资本形式来说，资本的周转分为两种形式：一是固定资本，如机器、厂房；二是流动资本，如原材料、燃料等。通常人们也将劳动力算入流动资本之内，而没有看到它与原材料和燃料之间有着转移价值和创造价值的不同。所以，将资本区分为固定资本和流动资本其实是掩盖了剩余价值的剥削。

在考察了资本的循环和周转之后，马克思又分析了社会总资本的再生产和流通问题，即社会总产品如何在价值上得到实现和在物质上得到补偿的问题。马克思经过研究，从实物形态上将社会总产品分为生产资料和消费资料两大类，这也说明了两大部类内部以及两大部类之间的交换条件与比例，规定了不断再生产所必需的理想比例，指出了资本主义生产的自发性质必然破坏社会再生产的比例，引起周期性的经济危机，结果给劳动人民带来了巨大的灾难，导致资本主义社会阶级矛盾更加尖锐。而要消灭经济危机，就必须要消灭资本主义制度。

（三）

《资本论》的第三卷研究了资本主义生产的总过程，主要包括价值转化为利润、利润的平均化以及剩余价值的分割等理论。

剩余价值本来是可变资本带来的，但资本家总是将其看成是他们所垫付的总资本带来的。他们将垫付的总资本看成是成本价格，因此把剩余价值看成是利润，进而将商品看成是成本价格与利润之和。

在计算自己的财富增值时，资本家们不是用剩余价值与可变资本之比（剩余价值率）来进行，而是用剩余价值与全部资本之比（利润率）来进行。这样一来，就掩盖了资本主义的剥削，因为虽然同是一个剩余价值，但利润率要比剩余价值率小得多。

在《资本论》中，马克思揭示了利润率向平均利润率的转化。尽管不同部门资本的有机构成不同，利润率也不同，即有机构成高的部门利润率就低，有机构成低的部门利润率就高，但这就是促使资本家们从有机构成高的部门转移到有机构成低的部门，从而导致这一部门供过于求，利润率下降。

与此同时，原来利润率低的部门因资本减少，产品供不应求，从而促使利润率回升。这样一来，资本的不断转移就会令各部门之间利润率趋于平均，形成平均利润率。

因此，在通常的情况下，不论在哪个部门，资本家只要投入大致的资本，就能得到大致相等的利润。这就是平均利润。这也表明：各个资本家之间尽管存在着尖锐的竞争，但在剥削工人方面则有着共同的利益。

此外，马克思还进一步揭示出平均利润有所下降的趋势。因为随着科技的发展，各个部门的有机构成都在不断提高。这就加剧了资本主义固有的矛盾，比如生产扩大与价值增值的矛盾、人口过剩与资本过剩的矛盾等等，从而也促使资本家打破国界，向经济落后的国家发展，以赚取高额的利润。

马克思去世后，恩格斯为出版《资本论》的第二卷和第三卷费尽心血。为了使马克思主义的这一经典著作得以完整的形式留给后世，恩格斯做出了不可磨灭的贡献。正如列宁所说的那样：

"奥地利社会民主党人阿德勒说得很对，恩格斯出版《资本论》第二卷和第三卷就是替他的天才朋友建立了一座庄园宏伟的纪念碑，无意中也将自己的名字不可磨灭地铭刻在了上面。的确，这两卷《资本论》是马克思和恩格斯两个人的著作。"

遗憾的是，恩格斯没有来得及继续出版《资本论》的第四卷就去世了。后来，考茨基根据马克思的这些手稿，于1905年至1910年出版了三册本的《剩余价值学说史》。之所以用这个名字，是由于某种考茨基所认定的原因而没有以《资本论》为名。而且，这个版本也不符合马克思和恩格斯对原稿结构安排的最初设想，并有内容篡改和辨认马克思手稿方面的种种错误。

此后，苏联马列主义研究院经过重新整理马克思的原稿，又于1954年至1961年出版了《剩余价值理论》的三册本。

在这部著作中，马克思围绕剩余价值理论这个核心问题系统地考察了资产阶级政治经济学从17世纪中叶以来产生、发展和没落的历史，揭露和批判了资产阶级政治经济学发展的庸俗化趋势。

为写作《资本论》，马克思阅读研究了1500多种书籍，光笔记就写了100多本。马克思的笔记本很多都是自己制作的，通常的做法是将一叠白纸一折为二，再居中缝上一道线，在封面上写明做笔记的时间和地点，编上笔记的序号，有的还加上标题。笔记记得密密麻麻，旁边留出的空白处有用铅笔、钢笔作的粗细实线、虚线及各种记号等。为查阅方便，马克思还对许多笔记编制了目录和内容提要，然后放到特定的位置，需要时不用翻找，随手就能抽出来。

第十九章 痛失爱妻

谁要是为名利的恶魔所诱惑，他就不能保持理智，就会依照不可抗拒的力量所指引给他的方向扑去。

——马克思

（一）

晚年时期的马克思，基本都是每天早晨八九点钟起床，洗漱之后，喝过清咖啡、吃早点，然后便开始阅读报刊，开始一天繁忙的工作。除了在吃饭时中断一下外，一直要工作到深夜。

在白天工作疲劳的时候，马克思就在书房的沙发上休息一会儿。可以说，马克思将自己的全部精力都用来工作了。他认为，人活着就是为了工作，丧失工作能力对于任何一个人来说，事实上都等于是宣判了死刑。

为了让大脑能够保持充分的活力，马克思大量地抽烟。在生活贫困时，他不得不抽很劣质的雪茄烟，这严重地损害了他的健康，以至于医生不止一次地要求他戒烟。但是，要马克思戒烟几乎是不可能的，因为他的烟瘾太大了。没有方法，医生只好建议他使用烟嘴，以减少吸烟对健康的损害。

由于工作负担过重，身体处于疲劳状态，马克思常常感到胃口不佳。为了增进食欲，他经常吃一些味道过重的菜，如熏鱼、火腿、鱼子酱等。这些东西吃得太多，对身体健康也没有好处。因此，他时常患病。

在1873年的时候，马克思就曾患上过一次严重的失眠，甚至出现了中风的危险。恩格斯的朋友、医生贡佩尔特给他治疗了好几个月，才让他逐渐恢复健康。

马克思还出国到卡尔斯巴德疗养过两次，健康逐渐恢复。但到1878年德国实行了反社会党人非常法后，马克思就不能再去疗养了，因为去那里就必须要经过德国，而当时德国是根本不可能放马克思通行的。

马克思晚年到外地疗养时，都是由夫人燕妮或者女儿陪伴，因为他在疗养的同时还要进行很多研究工作。马克思让小女儿艾琳娜参加了政治活动，培养她成为一个在自己的科学研究和政治写作过程中越来越能干的助手。后来，在马克思去世几年之后，艾琳娜便成为一名出色的女作家和政论家。

马克思的大女儿燕妮不论在外表还是在心理方面，都与父亲很像。她非常热爱科学，还研究过达尔文的学说，对历史也很感兴趣，也十分关心爱尔兰民族争取解放的斗争。

1870年，燕妮开始写作，并为巴黎出版的《马赛曲报》写了近10篇关于爱尔兰问题的文章。她的文章文笔精彩，文学典故丰富，揭露的事实骇人听闻，因此在社会上引起了广泛的注意。

对于燕妮的文章，马克思给予了高度的评价和鼓励。为此，燕妮还曾协助父亲为第一国际总委员会工作。尤其是巴黎公社失败后，她曾帮助父亲为流亡到伦敦的巴黎公社战士们积极募捐。

1872年10月，马克思的大女儿燕妮与第一国际总委员会委员、法国新闻记者沙尔·龙格结婚。龙格有着丰富的革命经验，曾担任比利时通讯书记，参加过几次第一国际的代表大会，后来成为马克思的学生。结婚后，龙格与燕妮迁居到伦敦居住。

马克思的二女儿劳拉多才多艺，经常协助父亲抄写东西，或者帮助父亲摘录材料，并加以整理。1868年4月2日，劳拉与第一国际总委员会委员、西班牙通讯书记、法国人拉法格举行了婚礼。

婚后，拉法格与劳拉一起到法国巴黎生活。后来，他们在巴黎与第一国际总委员会委员沙尔·龙格等人来往密切。巴黎公社成立前，拉法格与劳拉迁到波尔多居住。在那里，他们积极从事马克思学说和第一国际的宣传、组织领导工作。

巴黎公社成立后，拉法格来到巴黎，并接受委派到波尔多发动革命起义。再次回到波尔多后，拉法格立即在他创办的《国防报》上发表了马克思所写的第一国际总委员会关于普法战争的第二篇宣言，并在报纸上发表了揭发"国防政府"的卖国行为和主张为革命进行战斗的文章。

巴黎公社失败后，拉法格和劳拉被当局追捕，逃亡到比利时，此后又到了西班牙。在那里，拉法格与劳拉同巴枯宁派进行了坚决的斗争。夫妻俩还一起参加了第一国际海牙代表大会。大会结束后，他们到了伦敦，在那里居住了8年。

（二）

19世纪80年代初，法国政府宣布特赦，流亡在国外的巴黎公社社员先后回到祖国。龙格和燕妮也到了法国，在巴黎附近的一个小镇租下一套房子。在那里，龙格担任《正义报》的编辑。

1880年时，拉法格也回到法国。回国后，拉法格与盖得一起领导工人党，并经常在《平等报》上发表文章，宣传马克思恩格斯的学说。劳拉没有与拉法格一起回到法国，因为此时她的母亲燕妮已经病得很重了，她需要留在伦敦照顾母亲。

马克思与燕妮夫妇携手走过了几十年的风雨人生，历尽苦难而感情深厚。燕妮这位伟大的女性，在19世纪五六十年代那些艰难的日子里，曾对自己一家的悲惨境遇向命运发出"天问"一般的呼喊和抱怨，尤其是对于几次经历的丧子之痛，更令她久久不能忘怀。

然而，在老年人的智慧降临之后，燕妮又能平静地对待生活中那些不可避免的磨难，准备以平静的心情告别这个世界，用以安慰正在遭受命运同样打击的朋友们：

> 我非常清楚，在遭到这样的损失之后，要恢复心灵的平静是多么困难，需要多么长的时间。但是，生活却立即用它那微小的欢乐和重大的忧虑、种种日常的操劳和细小的烦恼来帮助我们。短暂的忧虑压倒了巨大的悲痛，于是，极度的悲痛就在不知不觉中缓和下去；当然，这并不能使创伤，特别是母亲心灵上的创伤彻底愈合，但在心灵中，对新的痛苦和新的欢乐的新的感受性，甚至新的敏感性却逐渐苏醒过来。于是，就怀着一颗饱受创伤但总还有希望的心继续生活下去，直到这颗心最后完全停止跳动，永远安息。

燕妮在1878年时就已患病，但一直未能查到病根，马克思与她一起到过许多地方疗养，都不见成效。后来经过诊断，才知道燕妮是患了癌症。马克思和女儿们知道后，都非常悲痛。为了使燕妮在最后的岁月中不至于过分悲伤，马克思和小女儿艾琳娜陪着她到法国的阿尔让台去看望了大女儿和外孙们。

燕妮虽然身体虚弱，但为了不让马克思担心，她竭力表现得像往常一样充满生气。她还给外孙们准备了很多礼物，并在阿尔让台住了20多天。回到伦敦后，燕妮的身体衰弱极了。马克思日夜守在燕妮的床榻边，尽心尽力地服侍她。

自从知道燕妮患了癌症，马克思的心灵也失去了平衡，再加上劳累，他的肝病再次复发，同时还患上了喉病、头痛、支气管炎和胸膜炎，结果也是一病不起。

1881年12月2日，马克思的这位终身伴侣在经受了病痛的长期折磨之后，平静地告别了她亲爱的丈夫和孩子们。马克思守在爱侣的床前，悲痛地经历了这个日落的时刻。后来，他写信给大女儿说：

> 她及时咽气，这对我来说是一个安慰，……病势带有逐渐衰亡的性质，同年老衰竭一样。甚至在最后的几个小时，也不用同死亡进行任何斗争，而是慢慢地沉入睡乡；她的眼睛比平时更加富于表情，更加美丽，更加明亮！

燕妮去世后，医生不允许马克思送亡人去墓地，担心他发病，只允许几个最亲近的人为她送殡。

恩格斯负责料理燕妮的丧事。他在《社会民主党人报》上写了讣告，讣告的开头是这样写的：

> 死神又从无产阶级社会主义、革命社会主义的老战士队伍中夺去了一个生命。

接着，恩格斯又评论了马克思夫人为无产阶级事业所作出的巨大贡献。他写道：

　　这位具有极其敏锐的批判智能、巨大的政治上的机警、充沛的精力和热烈的性格、忠于自己战友的女性，在差不多40年中，为运动所做的事情是社会公众所看不到的，现代报刊的年鉴也没有记录下来。这一切，只有亲身经历的人才能感受得到。

　　但是，我深信：那些巴黎公社流亡者的妻子们都会时常回忆起她，而我们也将时常为再也听不到她那大胆而合理的意见感到若有所失。

根据燕妮的遗嘱，马克思的家人没有通知任何朋友和亲戚来参加葬礼，只有忠实的朋友、自然科学家肖莱马从曼彻斯特赶来参加燕妮的送殡仪式。

燕妮的墓安放在海格特公墓地里。在燕妮的墓前，恩格斯发表了悼言，再一次高度地赞扬了燕妮的品德和才智。

燕妮的讣告发表之后，世界各地、各民族、各种职业的人从各地寄来了吊唁信，心中都充满了深切的慰问之情，这给失去爱妻的马克思以极大的安慰。他对自己的俄国朋友丹尼尔逊说：

"我所收到的从各地寄来的吊唁信，对我是个取得安慰的丰富源泉，因为所有这些信件……都表示了真挚的同情，以及对我亲爱的妻子的出色品质的真正了解和赞扬。……我想尽快地能完成第二卷（《资本论》）……我现在特别想完成它，以献给我的妻子。"

燕妮去世后，马克思十分怀念她。他对自己的好友恩格斯倾吐了自己的心声：

"你知道，没有人比我更讨厌随便动感情的了；但如果不承认我的思想大部分沉浸在对我的妻子——她同我的生命中最美好的一切是分不开的——的怀念之中，那是骗人的……"

（三）

燕妮去世之后，马克思的女儿们，尤其是大女儿燕妮和她的几个孩子给了晚年马克思很大的温暖。大女儿燕妮共生了4个男孩，这让家庭中只有女儿的马克思深感欣慰。马克思曾在女儿刚刚分娩后写信给她说：

亲爱的燕妮：

我祝贺你顺利分娩；……我们家的"女性那一半"都希望"新来的人"增加人类"最美好的一半"；而我宁愿在历史的这一转折关头出生的孩子们是"男性"，因为他们面临着人类未曾经历过的最革命的时期。

马克思很喜欢外孙们，也在信中多次表达了对外孙们的想念：

你们走后，这里变得很寂寞……当我听到与我们的孩子们相似的声音时，我就跑到窗子跟前去，刹那间忘记了孩子们已经在海峡的彼岸。

后来，马克思还写信给女儿说：

我希望到梯也尔林荫路11号你的家里得到充分的安静。……

所谓"安静"，我是指"家庭生活"，"孩子们的喧闹"，整个这一"小小的微观世界"要比"宏观世界"有意思得多。

夫人去世后，马克思打算将自己的病尽快治好，以便能够完成他的《资本论》的第二卷和第三卷。他计划将《资本论》的第二卷献给他忠实的生活伴侣和在斗争中富有自我牺牲精神的战友燕妮。

此时，马克思的病的确也在好转，1881年12月底，马克思在小女儿艾琳娜的护理下，在美国的南部海岸进行疗养。20多天后，他们返回伦敦，与恩格斯一起商量马克思的下一步疗养计划。医生建议马克思到非洲天气比较暖和的阿尔及利亚的阿尔及尔去疗养。

1882年2月，马克思在医生的催促下又踏上了前往南方的疗养之路。他先去了法国，在大女儿燕妮家中住了一个星期，与外孙们度过了一段愉快的时光，然后又去马赛，最后才到达阿尔及尔。

这一次疗养，马克思没有让小女儿艾琳娜陪同，他觉得自己的身体可以单独行动。可当他到阿尔及尔时，却遇到了极坏的天气，狂风暴雨常常袭击这个城市，气温的剧烈变化令马克思的支气管炎病比以前更加严重了。在这种情况下，医生只得建议马克思离开阿尔及尔。

于是，在炎热的夏天来临之际，马克思又遵照医嘱离开阿尔及尔，乘船渡过地中海，经法国南部海岸的马赛、尼斯到摩纳哥疗养了一个多月，并于6月初又回到巴黎附近阿尔让台的大女儿燕妮家中，然后在燕妮家附近的恩吉安进行硫矿泉水浴和吸入疗法进行治疗。

在这期间，马克思很惦念恩格斯，他在给恩格斯的信中写道：

我希望你无论如何要来这里住几天，这不仅是为了我可以与你讨论今后怎么办，特别是想让你知道，在用过所有那些可恶的斑蝥膏后，我是多么渴望再见到你！何况是在我几次濒于死亡之后。

马克思的这封信发出后，医生建议到他瑞士去疗养。于是，马克思又在二女儿劳拉的陪同下，准备前往瑞士的日内瓦湖进行疗养。

但就在马克思和劳拉准备启程时，龙格受《资本论》译者的委托，带他来拜访马克思，马克思在花园中接待了来访者。

这天天气刮起了东北风，有点凉，结果马克思又患上了感冒。随后，马克思和劳拉启程前往瑞士，在瑞士的洛桑、斐维等地疗养了一个多月后，又回到阿尔让台，与女儿和外孙们一起生活了几天，随后马克思动身返回伦敦。

这时已经是10月底了，冬天马上就来了，医生建议马克思不要在伦敦过冬，马克思只好又到伦敦的南部海岸去疗养。

到过位于德国西南边境特利尔城马克思故居的人都知道，那里有售卖印着马克思头像的黑比诺葡萄酒。这是当地人为了纪念"特利尔的儿子"——伟人马克思而生产的一款中等品质的葡萄酒。据说，这也是当年马克思最喜欢饮用的葡萄酒之一。马克思在流浪他乡的日子里，经常会怀念起家乡的葡萄酒。

第二十章 伟人的最后岁月

如果我们选择了最能为人类福利而劳动的职业，那么，重担就不能把我们压倒，因为这是为大家而献身；那时我们所感到的就不是可怜的、有限的、自私的乐趣，我们的幸福将属于千百万人，我们的事业将默默地、但永恒发挥作用地存在下去。而面对我们的骨灰，高尚的人们将洒下热泪。

——马克思

（一）

马克思在外出疗养期间，一直很惦记恩格斯。恩格斯也很想去法国看望一下马克思，但又怕自己离开伦敦后会影响马克思疗养所需要的经费供应；他也希望马克思能回伦敦来相见，但又担心伦敦的气候影响马克思的健康。

在收到马克思的信后，恩格斯很快就给马克思回信了，并在回信中表述了自己的这种矛盾心情。他写道：

我很想设法到你那边去一趟，但如果我出了什么事——哪怕是一时出事，那么我们的全部财务安排就会陷入紊乱。这里找不到一个人可以让我赋予他全权，让他办理毕竟有些复杂的收款等事宜。……

此外，我曾盼望至少今年夏天你能回来，哪怕时间不长也好。你不可能在这里度过冬天，……现在，在旧病复发之前，你要过一个像春天一样的冬天，这是绝对必要的，……尽管由于你不在这里，我感到非常寂寞，那也只好如此。在你彻底恢复健康之前，其余的一切都应退居次要地位。但这里十分重要的是，财务秩序不能受到破坏，因此我认为在这一切能够继续下去时，我的最严格的义务就是保证自己不遭到任何的意外。

马克思收到恩格斯的回信后，深受感动。他很清楚恩格斯离不开伦敦，马克思表示，自己"一定要在伦敦哪怕是度过10月份，并且一定和你在一起"。

在外地疗养期间，马克思一直都很详细地给恩格斯写信，将每天遇到的每件小事、天气情况等写信告诉恩格斯。这就避免使恩格斯因为一时不知道马克思的病情而不安，但又让恩格斯心痛马克思的劳累。他劝说马克思不要写这么多琐碎的小事，免得劳累，关怀之情溢于言表。

在外地疗养期间，马克思同样也没有忘记其他朋友，每次都很细心地为朋友们买礼物。他和朋友们之间历来都很亲切随便，为此还引出一个美谈。在马克思去世后，有一个名叫库诺的人曾写信给恩格斯，对大家称呼马克思为"摩尔"而不是姓名感到奇怪，这让马克思的朋友都大为开心。

为此，恩格斯特意给库诺回信说：

> 你的信在我们这里引起了哄堂大笑。凡是了解摩尔的家庭生活和他在亲近朋友中的情况的人都知道，在那里人们都不叫他"马克思"，甚至也不叫他"卡尔"，而是只叫他"摩尔"。正如同我们每个人都有自己的绰号一样，而当不再叫绰号的时候，那种极其亲密的关系也就停止了。

虽然在1878年之后马克思常常要到外地疗养，但他始终都抓紧一切时间进行工作。不论到哪里，马克思都想办法写自己的著作。即使是在疾病不允许他写作的情况下，他也要阅读各种文学作品，欧洲的一切文学作品他都阅读过了。

马克思在休息时，也经常会拿着两三本小说轮换阅读，以便于分析比较，研究文艺理论问题。他能十分冷静地从小说中汲取各种有价值的东西。而且，他对小说或诗歌中的名言和格言特别感兴趣，他写的信和著作中也常常会引用这些格言，因此马克思的文章总是显得生动活泼。

（二）

1883年1月11日，马克思的大女儿燕妮在病了一个多月之后不幸去世了。此时，马克思正在外地疗养。当得到这个消息后，他马上返回伦敦。由于打击太大，马克思的病情也急剧恶化。

在生命的最后日子里，马克思饱受疾病的折磨之苦。先是严重的咳嗽引起痉挛，随着支气管炎的加重，他又患上了喉头炎，这让他无法咽下食物，只能长时间的饮用牛奶。

2月初，马克思又被确诊患上了肺脓肿，他的身体也明显消瘦下来。一家人都竭尽全力挽救他的生命。

到了3月初，马克思的病情稍微有些好转，这让大家又感到有了一线希望，医生也表示很乐观。

在这期间，艾琳娜、恩格斯和琳蘅都常常守在马克思的身边。琳蘅甚至像个母亲一般，护理着病重的马克思。恩格斯则会每天下午两点半来看望马克思，这是白天最适合探病的时间。

可是，这一次的打击彻底摧垮了马克思的身体，虽然期间他的病情有所好转，但新的转机并没有出现。

3月14日下午两点半钟，恩格斯又准时来到马克思家中探望他。刚一进屋，恩格斯就看到一家人都在掉眼泪，因为马克思从这天早晨就开始吐血，并出现了体力衰竭的症状。大家的心里都清楚，最后的时刻还是不可避免地出现了。

恩格斯来到后，就让琳蘅再上楼去看看马克思。当琳蘅上去看望马克思时，发现他坐在安乐椅上处于半睡状态。她随即下楼请恩格斯到马克思的房间去。当恩格斯来到马克思的书房时，发现马克思已经躺在安乐椅上长眠不醒了。

就这样，1883年3月14日下午2时45分，马克思安详地离开了人世，享年65岁。在他旁边的桌子上，还摆着《资本论》的草稿……

关于一些思想家的离世，大致可以归结为两类：一种是他写完了要写的著作，说完了要说的话；另一种则恰好相反，他是带着话未说完、书未写完的遗憾离开这个世界的。

佛教的创始人释迦牟尼属于第一种情形，他在临终前说道：

"弟子们，我在后半生的45年间，所应说的都已经说完了，所应做的事也都做完了。我已经没有秘密。"

释迦牟尼是幸运的，他没有留下任何遗憾。但马克思则属于第二种，他要说的话还没有说完，要写的书也没有写完。他的凝聚了毕生心血的著作《资本论》的后几卷还都只是草稿，更不要说晚年他又开始研究新的、更广泛的领域了。

但是，马克思也算是幸运的，那就是他安然地、毫无痛苦地离开了人世。如果说，在世时马克思经历了这个世界给予他的精神和肉体上的痛苦，那么当他告别这个世界时，他总算得到了一点补偿——死神伸出了仁慈的手，轻轻地为他合上了过于疲惫的眼睛。这也是这个伟大的唯物主义者在临终时所能获得的唯一的安慰了。

（三）

作为与马克思共同并肩战斗40余年的忠诚的老友，马克思的去世对恩格斯是个沉重的打击。恩格斯怀着无比悲痛的心情将这一噩耗通知了马克思的至亲好友们。

同时，作为最了解马克思的人，恩格斯又以最真挚、最恰当的语言评价了马克思去世对于无产阶级解放事业的巨大损失。

当天晚上，恩格斯就写信给李卜克内西。在信中，恩格斯写道：

……虽然今天晚上我看到他仰卧在床上，面孔永远不动了，但我仍然不能想象，这个天才的头脑不再用他那强有力的思想来哺育两个半球的无产阶级运动了。我们之所以有今天，都应归功于他；现代运动当前所取得的一切成就，也都应归功于他的理论和实践活动。没有他，我们至今还都在黑暗中徘徊。

在另外的一封信中，恩格斯又从不同的角度表达了自己同样的感触。他写道：

> 这个人在理论方面，而且在一切紧要关头也是在实践方面，对我们究竟有多大的意义，这只有同他经常在一起的人才能体会得到。他的广阔的眼界将同他一起长久地从舞台上消逝了。这种眼界，是我们其余的人所达不到的。
>
> ……运动必将沿着自己的道路发展下去，但已经缺少那种沉着的、及时的、深思熟虑的指导了。到现在为止，这种指导曾多次使它避免在歧路上长期徘徊。
>
> 我们党的最伟大的头脑停止了思想，我生平所知道的一颗最强有力的心脏停止了跳动。……人类失去了一个头脑，而且是它在当代所拥有的最重要的一个头脑。无产阶级运动在沿着自己的道路继续前进，但是，法国人、俄国人、美国人、德国人在紧要关头都自然地去请教的中心点没有了，他们以前每次都是从这里得到只有天才和造诣极深的人才能作出的明确而无可反驳的忠告。
>
> ……最后的胜利是确定无疑的，但迂回曲折的道路，暂时的和局和迷误——虽然这也是难免的——现在将会比以前多得多。不过，我们一定要克服这些障碍，否则，我们还活着干什么呢？我们决不会因此而丧失勇气。

马克思去世的噩耗很快传遍了全世界，举世震惊。各国工人活动家和无产阶级政党领袖们都纷纷致函马克思的家人和恩格斯，表示沉痛的哀悼。

3月17日，马克思的葬礼在伦敦郊区的海格特公墓隆重而简朴地举行。马克思的亲密战友、亲属和朋友参加了追悼会。马克思的遗体被安放在他的夫人燕妮的同一个墓穴中。

在马克思的墓前，恩格斯发表了感人肺腑的讲话。他说：

这个人的逝世，对于欧美战斗着的无产阶级，对于历史科学，都是不可估量的损失。这位巨人逝世以来所形成的空白，在不久的将来将会被人们感觉到。

正像达尔文发现有机界的发展规律一样，马克思发现了人类历史的发展规律，即历来为繁茂芜杂的意识形态所掩盖着的一个简单事实：人们首先必须吃、喝、住、穿，然后才能从事政治、科学、艺术、宗教等等。所以，直接的物质生活资料的生产，因而一个民族或一个时代的一定经济发展阶段，便构成为基础。而人们对国家制度、法律的观点、艺术以及宗教观念，就是从这个基础之上发展起来的。因此，也必须由这个基础来解释，而不是像过去那样做得刚好相反。

不仅如此，马克思还发现了现代资本主义生产方式和它所产生的资产阶级社会的特殊的运动规律。由于剩余价值的发现，这里就豁然开朗了，而先前无论资产阶级经济学家或者社会主义批评家，所做的一切研究都只是在黑暗中摸索。

163

　　作为一个革命家，马克思将无产阶级的解放事业当成自己的毕生使命，斗争也成为他生命的要素，很少有人能够像他那样满腔热情、坚忍不拔和卓有成效地进行斗争。他全部革命活动的顶峰是创立了伟大的国际工人协会，仅凭这一成果，他就可以无比自豪了。

　　正因为这样，马克思是当代最遭忌恨和最受污蔑的人。但他对这一切毫不在意，总是将它们当做蛛丝一样轻轻拂去，只有在万不得已之时才给以回敬。他可能有过很多敌人，但未必有一个私敌。

　　现在，他去世了，在整个欧洲和美洲，从西伯利亚矿井到加利福尼亚，千百万革命战友无不对他表示尊敬、爱戴和悼念。

　　他的英名和事业将永垂不朽！

　　伟大的无产阶级革命导师马克思与世长辞了，但这盏人类智慧的明灯将永远不会熄灭，永远照耀着人类解放的道路。

马克思生平大事年表

1818年5月5日　卡尔·马克思出生于普鲁士莱茵省特利尔的一个律师家庭。

1830年　进入特利尔的弗里德里希—威廉中学读书。

1835年　中学毕业，进入波恩大学就读。

1836年　从波恩大学退学。同年，进入柏林大学法律系就读。

1838年　父亲病逝。

1841年　获得柏林大学毕业证书。同年，收到耶拿大学哲学系博士证书。

1842年　未婚妻燕妮的父亲路德维希·冯·威仕特华伦去世。

1843年　与相恋7年之久的贵族小姐燕妮结婚。

1844年　主编《德法年鉴》，发表第一批社会主义著作。同年，与燕妮一起踏上流放的征途，去往法国。完成《哲学经济学手稿》。

1845年　被法国政府驱逐出境，前往比利时布鲁塞尔。同年，宣布脱离普鲁士国籍。其后和恩格斯一起完成了《德意志意识形态》。

1846年　与恩格斯一起建立布鲁塞尔共产主义通讯委员会。

1847年　与恩格斯应邀参加正义者同盟。6月，同盟更名为共产主义者同盟，并起草了同盟的纲领《共产党宣言》。

1848年　和恩格斯一起在德国创办《新莱茵报》。

1849年　被普鲁士政府下令驱逐。《新莱茵报》被迫停刊。

1850年　先后两次与恩格斯一起起草《中央委员会告共产主义者同盟书》。

1852年　完成《路易·波拿巴的雾月十八日》。经济上遭遇贫困，四处借钱度日。

1853年　写作了《中国革命和欧洲革命》《议会关于印度的辩论》等文章。

1854年　写了《奥地利的破产》《普鲁士的政策》等文章。

1855年　小女儿艾琳娜在贫困中诞生。写作《政治经济学批判》。

1857年　为《政治经济学批判》写了导言。

1858年　写了《经济学》《鸦片贸易史》等文章，期间肝病发作。

1860年　写了《政治经济学批判》第二分册。

1862年　开始写有关剩余价值的问题。

1863年　写作《资本论》，并进一步补充资料。

1864年　参加第一国际成立大会，被选入领导委员会，为国际起草《成立宣言》《临时章程》和其他重要文件。

1865年　写作《资本论》，并于年底脱稿。

1867年　《资本论》第一卷在德国汉堡出版。痛病发作，头痛厉害，但依然坚持写经济学著作。

1868年　写《资本论》第三卷的手稿。

1869年　《路易·波拿巴的雾月十八日》由迈斯纳在德国汉堡出版。起草国际工人协会年度报告。

1870年　与移居伦敦的恩格斯再度相聚。由于被许多国家驱逐，到处流亡，马克思自称是"世界公民"。

1871年　开始写关于巴黎公社的宣言《法兰西内战》。参加总委员会议，通过了9月在伦敦召开的工人协会代表会议的决定。

1872年　准备出版第二版修订《资本论》，和恩格斯开始为国际工人协会最近一次代表大会作政治准备和组织准备。《法兰西内战》法文版在布鲁塞尔出版。

1873年 《资本论》第二版一卷本出版。校阅《资本论》法译本。

1875年 写了《哥达纲领批判》。

1876年 在工人共产主义教育协会成立纪念会上发表演说。

1878年 为写作《资本论》第二卷，研究有关货币理论和历史的著述。

1879年 健康状况恶化，外出疗养。

1881年 妻子燕妮因患癌症去世。

1882年 为出版《资本论》第一卷德文第三版进行加工准备工作。为《共产党宣言》俄译本作序。

1883年 大女儿燕妮病逝，致使马克思健康状况急剧恶化。3月14日，卡尔·马克思在伦敦寓所去世，葬于伦敦北郊的海格特公墓内。

1864年，马克思在英国伦敦为写《资本论》进行紧张的研究工作，经济十分拮据。多亏亲密战友恩格斯和其他朋友的资助，才让他勉强度日和继续工作。这年5月，马克思的老朋友威廉·沃尔弗在去世前留下遗嘱，将自己一生辛勤积攒的600英镑送给马克思，以帮助他度过生活难关。经济学造诣颇深的马克思，在仔细研究当时英国刚刚颁布的《股份公司法》后敏锐地意识到，英国股份公司一定会开始飞速发展，股票市场也会呈现出繁荣景象。于是，马克思看准机会后，便将这600英镑分四次购买了不同类别的股票证券，之后耐心观察和等待股票市场的变化。在股票价格开始上升一段时间后，他毫不犹豫地迅速逐一清仓，不到一个月的时间，就以600英镑的本金净赚了400英镑的纯利润。这是马克思第一次涉猎证券投资生意，也是他人生中唯一的一次炒股经历。